JN310243

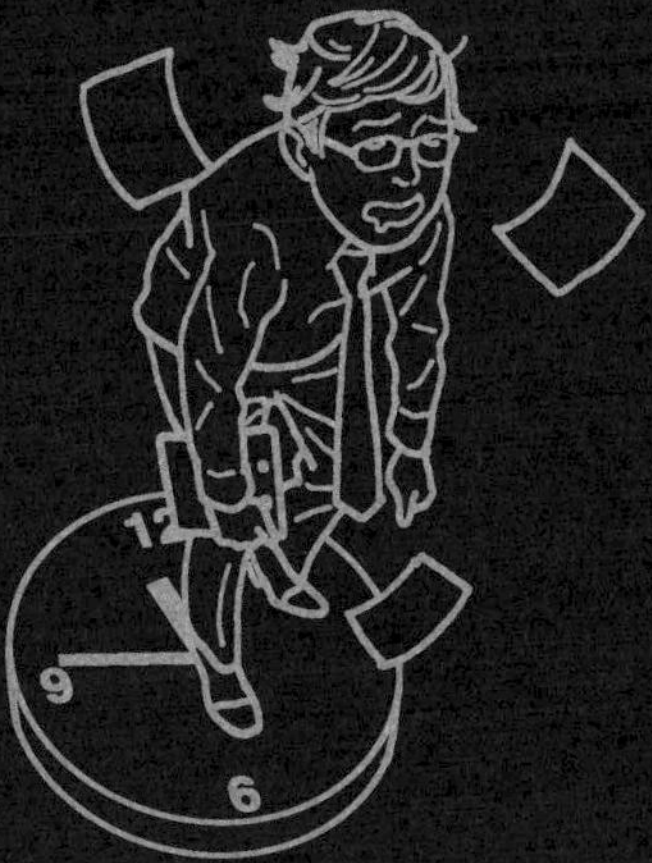

ブラックバイトに騙《だま》されるな！

大内裕和

集英社

ブラックバイトに
騙《だま》されるな!

大内裕和

集英社

はじめに

学生であることを尊重しないアルバイトを「ブラックバイト」と名づけてから、約3年がたちました。この言葉が瞬く間に人々の間に広がっていったことは、私にとって驚きの経験です。アルバイトにおける過酷なシフトやノルマ、賃金未払いなどは、現在では多くの人々に、重要な社会現象の一つとして認識されるようになっています。

本書ではブラックバイト発見の経緯から、その社会的背景、学生がアルバイトにのめり込むメカニズム、それがもたらす影響、そして対処法までを幅広く論じています。何より心がけたのは、学生たちが直面した現実に徹底的に向き合うことです。本書は、困難な状況に置かれている学生と大学教員とが出会い、共に現実と格闘する中から生み出されました。奨学金制度改善の運動を展開している「愛知県 学費と奨学金を考える会」の学生たちとの日々の交流は、執筆のうえで欠かせない要素となっています。彼ら一人ひとりに感謝します。

「ブラックバイトに騙されるな!」というメッセージが、一人でも多くの方に届くことを心から願っています。

2016年5月26日

大内　裕和

1章 ブラックバイトってなんだ?

本章のポイント

【ポイント ①】

ブラックバイトとは「学生であることを尊重しないアルバイト」のこと。フリーターの増加や非正規雇用の基幹化が進む中で登場した。低賃金にもかかわらず正規雇用並みの義務やノルマを課されるなど、学生生活に支障をきたすほどの重労働を強いられることが多い。

【ポイント ②】

学生からの聞き取り調査で、違法行為まがいの事例が次々と発覚。バイトを辞めたいと申し出たら損害賠償金を請求すると脅された、ノルマ達成のため売れ残った商品を自腹で買わされたなど、過酷な業務実態はマスコミにも取り上げられ社会問題へと発展した。

【ポイント ③】

2015年に厚生労働省が全国の大学生等に対して行ったアルバイトに関する意識等調査では、1000人のうち60.5%が「労働条件等で何らかのトラブルがあった」と回答。2014年のNPOによる調査でも66.9%が「不当な扱い」を経験したと回答している。

長年続いていた「ゼミ合宿」を断念した！

私はブラックバイトの「名づけ親」と紹介されます。それもあって、「どうしてブラックバイトを発見できたのですか？」という質問をよく受けますが、最初のきっかけは私が大学で開講しているゼミにおいての経験でした。

大学の授業は大きく分けて、大人数で行っている講義と、少人数のゼミナール（ゼミ）の二つがあります。私が教えているのは私立大学ですから、講義は教室に50～150人程度の学生を集めて行うものが多く、科目によっては200人前後の時もあります。それに対してゼミの多くは、10～20人の学生を相手に教えます。少人数制であるぶん一人ひとりに密度の高い教育を行うことができ、学生と親しくなることも比較的簡単です。

私のゼミでは年1回、ゼミ合宿を行うことにしていました。宿泊つきのゼミで集中的に討論を行うと、学生たちは見違えるほど実力がつきます。週に一度のゼミでは養うことのできない能力をつけることができるので、私はその機会を大事に考えていました。

日程を決めるのは私の仕事です。アルバイトをしている学生が大半ですから、合宿の日程には気を使っていました。15人ぐらいのゼミ生がいる場合には、1か月半ぐらい前には学生と相談する時間を作りました。ゼミ生のアルバイトが、できる限り重ならない日程を選ぶためです。15人もいると、どうしても3人ぐらいは合宿日程とアルバイトが重なってしまう学生が出てしまいます。その時には私から、「年に1回のことだから、申し訳ないけれどもバイトの日程をその日は空けてください」と学生にお願いして、そして全員参加のゼミ合宿を続けてきました。ゼミは大切な教育ですから、学生間に参加・不参加の違いができることは避けたかったからです。

２０１０年頃のことでした。いつものように予定の1か月半ぐらい前にゼミ合宿の日程を相談しました。すると1人の学生が手を挙げ、「無理です。その日はバイトのシフトがすでに埋まっています。２か月前に決まるので」と言いました。しかもその勤務シフトは絶対に動かせないというのです。そこで合宿の日程を変えて、今度は２か月以上前に相談することにしました。

すると前回とは別の学生の手が挙がりました。「無理です。私のバイトは1週間前にシフトが決まるので、こんなに早く決められてもどうなるかわかりません」と言いました。

私はとても困りました。２人の予定を調整することは、論理上とても難しいからです。でも２人のアルバイトの状況を丁寧にたずねて、何とか２人のアルバイトが重ならない日を割り出しました。すると、また別の学生が手を挙げました。「無理です。その日は曜日固定制のバイトです」と言いました。その時に初めて、「曜日固定制」という言葉を耳にしました。曜日固定制はアルバイト契約時に決まっていて、その曜日はいかなる理由があっても休まないという約束をしているというのです。

こうして、大学教員になって長年続いていたゼミ合宿を断念することになりました。この経験は私の心の中に、強い印象を残すこととなりました。

試験勉強ができない！という悲鳴が上がる

2011年に入ってからのことです。学生たちから、これまでとは違う悲鳴が聞こえるようになりました。私は講義の時にはコメントペーパーを配り、出席している学生に講義についての質問や意見を書いてもらっています。講義の最初に重要な内容や気になったものを読み上げ、私なりの回答を行います。このコメントペーパーとその回答は、大学教員になってから、ずっと継続しています。中には講義についての質問や意見以外に、自分の学生生活や日頃考えていることを書いてくる学生もいます。そのコメントペーパーがきっかけで、講義が予想以上に盛り上がることもあります。

そのコメントペーパーに、「アルバイトのせいで試験勉強ができない」という内容を書いた学生がいたのです。私は次の講義の最初にそのコメントペーパーを読み上げ、「アルバイトが大変なのはわかるけど、試験前なんだからアルバイトは休んで、試験勉強の時間を取ったほうがいいよ」と感想を述べました。

するとその講義のコメントペーパーに、学生たちが次のように書いてきました。「試験前だからアルバイトを休みたいと言っても、休ませてもらえません」「試験前にアルバイトを休むことはできません。その職場で働いている他の人たちも、みんなアルバイトの大学生だからです」。それに類する回答が他にもたくさんありました。

私はそのコメントペーパーを読みながら考え、試験前にアルバイトを休みたいと思っても休むことができないという状況に驚きました。自分がアルバイトをしていた約30年前には、試験前にアルバイトを減らすことは比較的簡単だったからです。

「その職場で働いている他の人たちも、みんなアルバイトの大学生だからです」という言葉も印象に残りました。確かにそうです。大学生の試験期間はどの大学も大体同じ時期です。他に働いているのもアルバイトの大学生であれば、試験期間に休めば、その期間は誰も働く人がいなくなってしまいます。

次の講義で私はコメントペーパーを読んだうえで、「試験前にも休ませてもらえないのはひどい」「学生アルバイトしか職場にいないなんて、おかしいね」などの感想を述べました。するとまた多くの感想がコメントペーパーに書かれてきました。「私のまわりにいる友だちのバイト先も、学生アルバイトばかりです」「塾のバイトをしている友だちは、試験前にアルバイトを休めないので単位を落とすことが多いです」という意見が返ってきました。

試験前でもアルバイトを休めない学生がこんなにも増えていること、そのために単位を落とす学生さえ出ていることを知って、私は彼らの職場に異変が起きていると感じるようになりました。

アルバイト職場の「激変」をキャッチする

そうした経験から学生たちのアルバイト環境を意識し始めた私は、学生と話す機会がある時には、できる限りアルバイト先のことをたずねるように心がけたのです。

２０１２年に入って、私のゼミに所属していた当時４年生のA君と話している時に、アルバイト先のことが話題になりました。私はよい機会だと考えて、できるだけ丁寧に聞き取りを行いました。そこでA君から聞かされた話は衝撃的でした。彼の職場は常に人手不足という問題を抱えていたのです。私はさらに質問を続けました。

大内「人手不足なのに募集をかけないの？」

A君「いつも募集しています。それでも集まらないんです」
大内「正社員の人は何て言っているの？」
A君「正社員は職場にいませんよ」
大内「最近、そういう職場が増えていると聞くけど、店長は正社員じゃないの？」
A君「店長は6店を兼ねていて、うちの店に来るのは半年に一度ぐらいです」

私は驚きました。1人の正社員店長が6店を任されているということは、多くの店舗で店長がいない、正社員ゼロが当たり前になっているということを意味します。

A君の話から、レジのお金の管理、店舗の戸締り、アルバイトのシフト調整すべてを学生アルバイトである彼が行っていることを知りました。それだけでなく、彼がアルバイトの募集広告を出し、また新人アルバイトの研修を行っていることも聞きました。しかもA君の時給は、他のアルバイト学生と変わらず900円台です。

私は話を聞きながら、「そんなことはバイトの仕事ではないよ」「それはバイトには責任が重過ぎるよ」「何で時給の安いバイトにそんなことまでさせるの？」という言葉が次から次へと出てきました。しかし、A君は私の言葉にむしろ驚いた様子でした。

「自分がやらなければ店が成り立たなくなるから」とか「先輩から任されたから」と言いな

がら、どうも自分が不当な目にあっているという感覚があまりないようでした。私はA君との話からアルバイトの激変をはっきりと認識することができました。

かつてのアルバイトは、賃金が安い代わりに比較的責任の重くない「補助労働」を職場で担っていました。しかし、A君の話から見えてきたのは、学生アルバイトが「補助」ではなく、まさしく「基幹労働」を担っているということです。かつて正規雇用の労働者が担っていた基幹労働を、今では賃金の安い学生アルバイトが担っている。そこで私には、ゼミ合宿に参加できない学生や、試験前に勉強できなくて悲鳴を上げている学生に起きている現実の姿が見えてきました。

私自身がやっていた頃のアルバイトとは職場の拘束力がまったく異なり、とても強くなっていること、職場での学生アルバイトの責任が増していることなど、激変が進行しているのを認識することができました。

これが本当に学生アルバイトの実態なのか？

A君の話を聞いて、私は一層、学生アルバイトの様子を意識するようになりました。そして周囲から二つの情報が入ってきました。一つは学生が試験時間にアルバイトが入っていたため試験を受けられず、単位を落としたというもの。もう一つは、学生がアルバイトのために自分が希望した企業の就職面接を受けられず、就職に失敗したという内容でした。

どちらも私が直接教えていた学生以外の情報です。また、この二つは全体の中では少数の事例であることも間違いありません。でも私は、いてもたってもいられない気持ちになってきました。たとえ少数の学生であっても、アルバイトのために試験を受けられないとか、就職の面接に行けないというのは、常軌を逸していると言わざるを得ません。

大学教員として、この状況を放っておくことはできないと考えました。日々接している学生たちが、彼らにとって大切な試験や就職の面接に行けないほどアルバイトに追い込まれています。「このままでは大学教育はできない」と考え、自分の講義を聞いている学生に調査を行うことにしました。

2013年6月、私が開講している四つの講義の受講生約500人に、自分のアルバイトについて実情を文章で書いてもらいました。その後、一読して本当に驚きました。とんでもない事例があふれていたからです。

「家庭教師を辞めると告げたら、損害賠償金として50万円を請求された」（Bさん、2年生）

「コンビニでおでんの売り上げノルマがあり、達成できないと自腹で売れ残ったおでんを買

い取らないといけない」（C君、３年生）
「スーツ店で働いている友人が、店に出て働く時の制服として5万円のスーツを3着買わされた。すでに15万円使っていて、その借金の返済が大変になっている」（D君、２年生）
「塾講師のアルバイトのシフトや給料が悪いので辞めたいけど、辞めさせてもらえない」（Eさん、１年生）

損害賠償や自爆営業、制服購入の強要、辞めたくても辞めさせてもらえないなど、労働法違反や劣悪な働き方が蔓延していることがわかりました。

しかも約５００人の学生のうち３００人以上が、「不当な扱い」を受けていました。私はこの結果を次の講義で紹介し、そこで「ブラック企業の働かせ方が、学生アルバイトにも広がっていることを示しているね。これは『ブラックバイト』と呼べると思うよ」と、ここで初めて「ブラックバイト」という言葉を使いました。

あまりにも驚いたので、このことを社会に伝えようと思い、個人名や店の名前など学生のプライバシーに配慮しながら、自分のフェイスブックに学生アルバイトの事例を書き込みました。するとその日のうちに、たちまち多くの人からシェアされました。自分の記事が、短時間のうちにそんなに多くシェアされたのは初めての経験です。

寄せられたコメントの内容は、世代によってきれいに分かれました。学生たちよりも年上の、特に40代以上の人からの書き込みでは「これが本当にアルバイトなのか?」「アルバイトとは思えない」「信じられない」といったものが数多くありました。それに対して、現役の学生や20代の若者たちからのコメントは、ほとんどが「私も同じ目にあっています」「私の地域も同じです」といったような内容でした。そして学生や20代の若者からの反響は、北海道から沖縄まで全国からありました。

私はこれらの反応を見て、学生アルバイトの劣悪な状況が、自分の教えている学生や自分の周囲の学生たちに限定されたものではないと判断しました。そこで「ブラックバイト」という呼び名を授業の中だけではなく、公の場でも使っていくことにしました。

一気に社会へ拡散した「ブラックバイト」

それからというもの、ブラックバイトという呼び名はまたたく間に世の中に広がっていきました。特にインターネットによる拡散が大きかったようです。学生から「先生、ツイッターでブラックバイトという言葉を見かけたよ」などと聞くことが増えました。「俺、これからブラックバイト、つらいな」「ブラックバイトお疲れー」などのツイートが、日常会話のように飛びかうようになっていきました。

私のところへは、新聞各社から取材が殺到しました。2013年12月には、『ブラック企業　日本を食いつぶす妖怪』（文春新書、2012年）の著者で、NPO法人POSSEの代表を務める今野晴貴氏と中京大学で対談を行いました。同時期に、今野氏、東京大学大学院教育学研究科教授の本田由紀氏、法政大学キャリアデザイン学部教授の上西充子氏らと一緒に雑誌『POSSE』の誌上座談会にも出ることになりました。

こうしたさまざまな議論を通じて、ブラックバイトとブラック企業との関連性、ブラックバイトとフリーターや非正規雇用問題との共通点と相違点などが、私の中で明確になっていったのです。そこでブラックバイトをフリーター問題とは分離し、学生アルバイトに限定して使用することを決め、次のように定義することにしました。

「学生であることを尊重しないアルバイトのこと。フリーターの増加や非正規雇用労働の基幹労働者化が進む中で登場した。低賃金であるにもかかわらず、正規雇用労働者並みの義務やノルマを課されるなど、学生生活に支障をきたすほどの重労働を強いられることが多い」

このように定義したことで、この問題の整理が行えました。ブラックバイトは労働法違反や低賃金などに目を奪われがちですが、それ以上に「学生生活とアルバイトの両立を不可能とさせている」ことが最も重要なポイントだったのです。

2014年7月、先述の今野氏とNPO法人ほっとプラス代表の藤田孝典氏、弁護士の棗《なつめ》一郎氏が共同代表を務める「ブラック企業対策プロジェクト」が、全国27大学の学生を対象に「学生アルバイト全国調査」を実施しました。この調査では4702人から有効回答を得ることができ、対象となった大学生の66・9%がアルバイトで「不当な扱い」を経験していることがわかりました。初の全国規模の調査で、ブラックバイトの経験率が約7割もあるということは大きな反響がありました。ブラックバイトの存在が客観的に明らかとなり、しかもそれが一部ではなく、社会全体に蔓延していることを意味していたからです。

新聞や雑誌に加えて、NHK『クローズアップ現代』ほかテレビの報道も多くの反響を呼びました。これらを受けて、ブラックバイト問題は国会でも取り上げられました。

そうしたところ、2015年8月下旬〜9月に厚生労働省が全国の大学生、大学院生、短大生、専門学校生に対し「アルバイトに関する意識等調査」を行ったのです。

回答者1000人が経験した延べ1961件のアルバイトについて、労働条件を示した書面が交付されなかったという回答は58・7%で、働く前に口頭においてですら具体的な説明がなかった例も19・1%ありました。さらに「準備や片付けの時間に賃金が支払われなかった」「1日に労働時間が6時間を超えても休憩時間がなかった」「実際に働いた時間の管理がなされていない(例えばタイムカードに打刻した後に働かされたなど)」といった、労働条件等でなんらかのトラブルがあったとする回答は60・5％にのぼりました。

２０１５年12月～２０１６年2月には、同省による高校生対象の「アルバイトに関する意識等調査」も行われました。ここでも回答者１８５４人のうち、労働条件を示した書面を交付されていなかったという回答が60％あり、働く前に口頭においてですら具体的な説明がなかった例は18％ありました。

また、「1日に労働時間が6時間を超えても休憩時間がなかった」「働いた時間分の全てがアルバイト代として計算されていない」など、１８５４人のうち32・6％が、なんらかの労働条件上のトラブルがあったと回答しました。政府による調査でも、多くの大学生や高校生がブラックバイトの被害を受けていることが示されたのです。

ブラック企業対策プロジェクトと厚生労働省が行った、これら三つの大規模な調査結果によって、ブラックバイトが日本社会に広く存在していることが明らかとなったと言えるでしょう。

過酷なアルバイトの実態が次第に明らかに

もう一つ、ブラックバイトを社会に知らしめた事例があります。全国にチェーン展開しているフランチャイズの飲食店でアルバイトをしていたある大学生の男性が、人手不足に苦しむ職場からいくつもの不当な扱いを受け、悩んだ末に私の知り合いの支援団体に相談をもち込んだ問題です。２０１５年にはテレビのニュース番組でも報道されたので、ご存じの方もいるかもしれません。

以下は、支援団体が大学生（A君）に対して行った聞き取り調査によるものですが、過酷なアルバイトの実態がよくわかる例として、ここで紹介しておきます。

A君は大学1年生の春に、求人サイトを見てそのアルバイトに応募したそうです。すぐに採用面接が行われて働き始めたのですが、当初はそれほど悪い労働環境ではなく、学業との両立もうまくいっていました。ところが半年ぐらいたった頃、それまで朝から晩までフルタイムで働いていたフリーターの人が退職し、さらに数人のアルバイトが同時期に辞めてしまったせいで、店は深刻な人手不足となりました。

この頃からA君は、一気に忙しくなっていきました。週に5〜6日出勤という正社員並みのシフトに加え、高校生アルバイトや主婦パートタイマーには任せられない深夜の業務も頼まれるようになりました。

あまりの忙しさに耐えかねた彼は、店の責任者に退職を申し出たのですが、すでに店にとって欠かせない戦力として扱われていたため、そんな甘えた態度では就職できないなどと責任者から厳しく叱責され、辞めることができなかったそうです。このように相手が社会経験の浅い学生であることを逆手にとった恫喝やマインドコントロールは、ブラックバイトを押しつける雇用主の常套手段と言えます。

その後も店の人手不足は一向に解消することなく、A君が店に出て働かなければならない時間はどんどん長くなっていきました。深夜〜早朝の仕込み作業、日中の接客、閉店後のクローズ作業のすべてをこなし、休みも月に2、3日しかとれませんでした。「辞めたい」と申し出ても辞めさせてもらえず、本人いわくパワハラ（パワーハラスメント）や理不尽な命令が増える一方だったそうです。さらに、客から取り損ねた代金を弁済させられるなどの自爆営業や、仕事上のミスに対する罰金（損害賠償請求）といった、違法行為まがいの扱いも受けたと言います。

こうした過酷な状況が続いたため、A君はとうとう大学に通えなくなりました。アルバイト疲れがたまって試験や課題提出にも影響するようになり、その学期の単位はほぼ全部落としてしまいました。それでも彼は店を辞めさせてもらうことができず、やむなく支援団体に相談をしたのだそうです。

A君の一連の証言は、２０１５年12月にテレビのニュース番組で報じられ、ブラックバイトのリアルな実態が大きな反響を呼びました。A君はその後、支援団体の交渉もあって退職できました。しかし事件そのものは、彼が勤務していた店の運営会社からの反論もあり、本書の執筆時点では未だ解決には至っていません。

この事例には、学業との両立を不可能にする過酷な勤務シフト、学生アルバイトを安く便利に酷使しようとする企業による労働搾取、就職難や借金などをちらつかせたマインドコントロール、法律に疎い学生を騙すような罰金・損害賠償請求、若者の責任感を悪用した自爆営業強要、それらすべてを正当化して声を出させなくするためのパワハラなど、ブラックバイトの要素がすべて集約されています。

テレビを通してこの事件の実態が生々しく伝わったことにより、ブラックバイトの存在が多くの人々に知らされることになりました。

学生アルバイトの全国調査からわかったこと

ブラック企業対策プロジェクトが実施した「学生アルバイト全国調査」には、私もメンバーの一員として参加しました。調査対象は全国27の国公立・私立大学に在籍する大学生（国立大学3、公立大学1、私立大学23）で、有効回収票は4702票でした。ここでは、そのうち大学時代にアルバイト経験のある3593人の回答について分析を行います。

図1　これまでに経験したアルバイトの職種（複数回答）

※無回答は除外
資料：ブラック企業対策プロジェクト「学生アルバイト全国調査結果（全体版）」より作成

	度数	割合(%)
居酒屋	669	18.7
ファーストフード店・チェーンのコーヒー店	550	15.4
その他のチェーンの飲食店	1046	29.3
その他の個人経営の飲食店	362	10.1
コンビニ	537	15.0
スーパー	386	10.8
アパレル	165	4.6
その他小売	553	15.5
学習塾・家庭教師	558	15.6
イベント設営	395	11.1
引っ越し	184	5.2
倉庫内作業	395	11.1
製造	104	2.9
アミューズメント関係	309	8.7
ホテル・ウェディング関係	258	7.2
試食販売、キャンペーンスタッフ	144	4.0
ティッシュ配り、チラシ配り	113	3.2
テレアポ、電話対応	44	1.2
デリバリー、配送	93	2.6
キャバクラなどの風俗関係	47	1.3
その他	230	6.4

25ページの図1は、これまでに経験したアルバイトの職種を質問した結果です。トップは「その他のチェーンの飲食店」で、全体の3割近くに達しています。それ以外に多い業種としては居酒屋、学習塾・家庭教師、その他小売、ファーストフード店・チェーンのコーヒー店、コンビニ、イベント設営、倉庫内作業、スーパーが続きます。また、ホテル・ウェディング関係やアパレル等でも一定数以上の大学生が働いています。

大学生がサービス産業中心に、飲食店や居酒屋を始めとして、とても多様な業種で働いていることがわかります。

図2は、アルバイトで不当な扱いを経験した割合を示しています。「準備や片づけの時間に賃金が支払われなかった」「仕事が延びても残業代が時間通り支払われなかった」(賃金払いの対象となりうる労働時間の切り捨て)、「残業代が割増賃金ではなかった」(割増賃金の不払い)、「1日に6時間を超えて働いても休憩時間なし」(休憩・休日規定の無視)といった、明確な労働基準法違反を含めて、さまざまな問題点が報告されました。「不当な扱いはない」は33・1%ですから、実に66・9%の学生がアルバイト先で何らかの不当な扱いを受けた経験を持つわけです。この結果によって、ブラックバイトがいかに社会に蔓延しているかがわかります。

さらに重要なのは、ブラックバイトは「学生生活とアルバイトの両立を不可能とさせてい

図2　これまでのアルバイトで経験した不当な扱いの内訳（複数回答）

資料：ブラック企業対策プロジェクト「学生アルバイト全国調査結果（全体版）」より作成

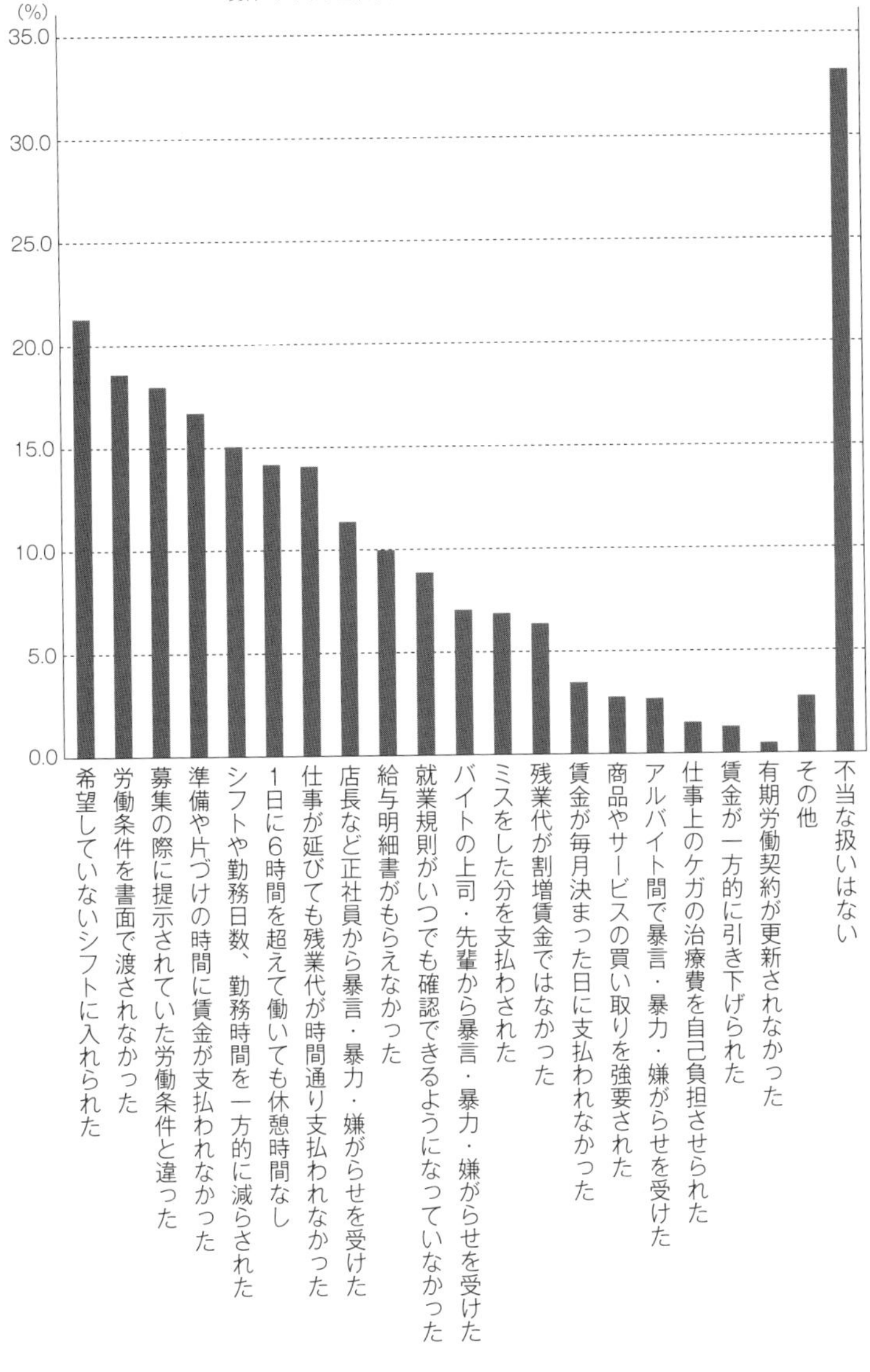

る」ことです。そこでは学生がどんな働き方をしているのか、が大切です。

昨今のアルバイトの勤務時間について質問したところ、回答の中で週に1回以上深夜時間帯（22時〜朝5時）に勤務がある者が4割にも達していました。深夜にアルバイトをしている学生が、かなり多く存在していることがわかったのです。深夜勤務をしている学生は仕事の内容にかかわらず全体的に多いようですが、特に居酒屋では22時を超えて働くケースが9割を超えていました。また、その他飲食店やアミューズメント、ファーストフード・コーヒー店でも半数以上の学生が深夜勤務をしており、これらの仕事で深夜勤務が多くなっていることがわかります。

図3のa〜cは、勤務シフトの悩みについて質問した結果です。「シフトが会社の都合で勝手に変えられる」は、「よくある」と「ときどきある」を合わせて25・7％に達しています。「シフトに入りたくないときに、入れと言われる」は、「よくある」と「ときどきある」を合わせて32・3％です。「シフトが削られる」は、「よくある」と「ときどきある」と合わせて33・8％です。多くの学生が自分の都合ではなく、会社の都合でシフトを決められています。学生はフレキシブルな労働力として扱われていることがわかります。

こうした深夜勤務が多く、フレキシブルな労働を強いられている学生たちにとって、学業との両立はどのようになっているのでしょうか。

図3 学生アルバイトが経験した勤務シフトの悩み

資料：ブラック企業対策プロジェクト「学生アルバイト全国調査結果（全体版）」より作成

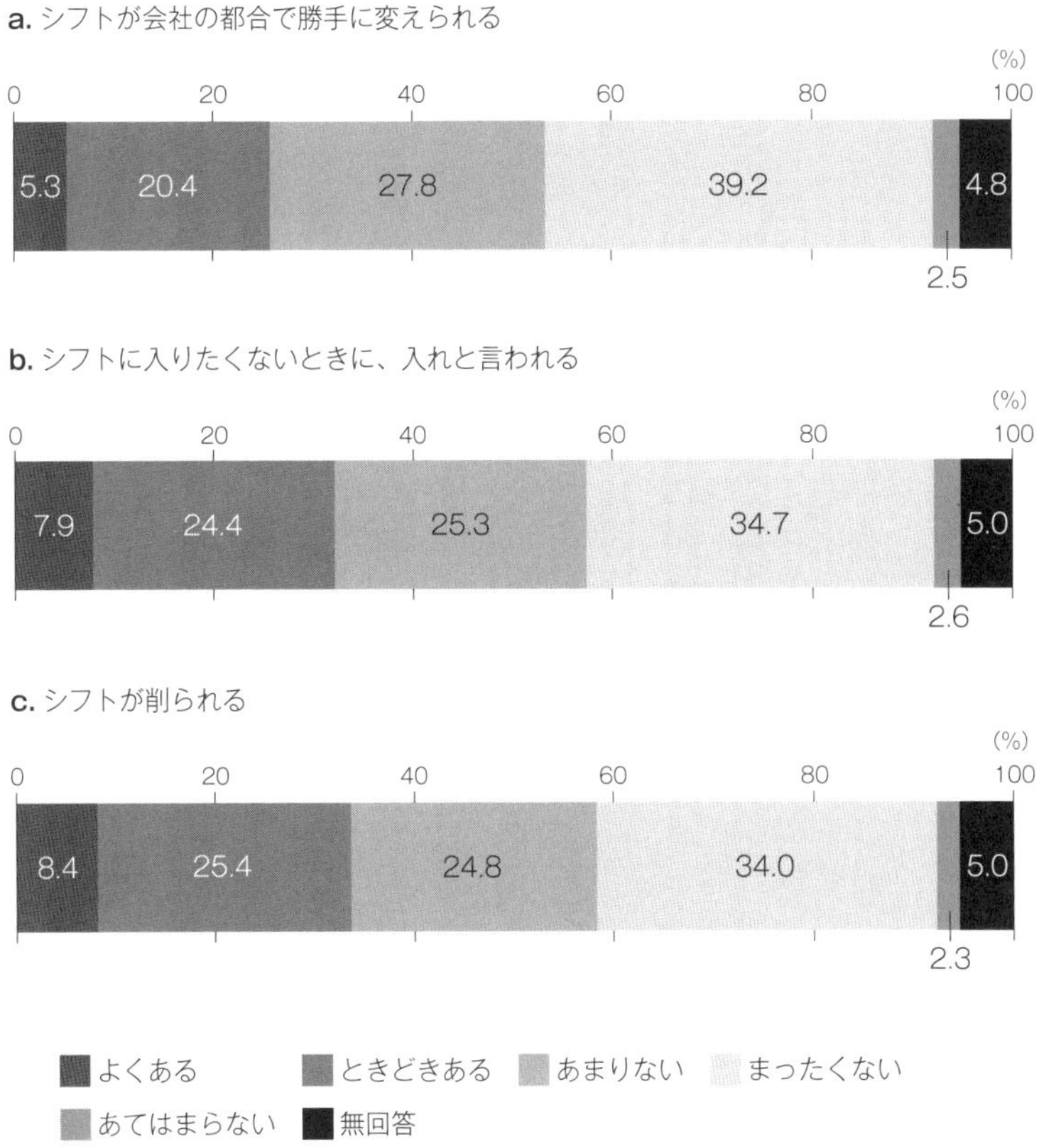

図4aはアルバイトのために試験や課題（レポートなど）の準備時間がとれなかった経験に対する回答です。「よくある」が5・4％、「ときどきある」が13％、「何度かある」が21・6％で、合わせると約4割の学生がアルバイトが学業に支障をきたしたことがあると答えています。かなり多くの学生にとって、アルバイトが学業の妨げになっていることがわかります。調査の中で「アルバイトと学業の両立に関する支障・不安」の自由記述の欄には次のような回答がありました。


「深夜のシフトを断り切れず、帰ったら朝3〜4時になり、それから学校へ行こうという気がおきなかった」

「テスト前でも23時以降までバイトで、帰ってから勉強する気になれない」

「23時までの希望でも2時などまで働かされ、睡眠時間がとれなくなった」

「シフトを減らすと上司の人にいやな顔をされるので、なかなか言い出せず、学業の時間が取れない」

「試験前中は休みたいが、なんだか申し訳なくてできない。そのため睡眠時間がとれない。眠いから集中できず勉強が進まない」

図４　学生アルバイトが経験した学業への支障

資料：ブラック企業対策プロジェクト「学生アルバイト全国調査結果（全体版）」より作成

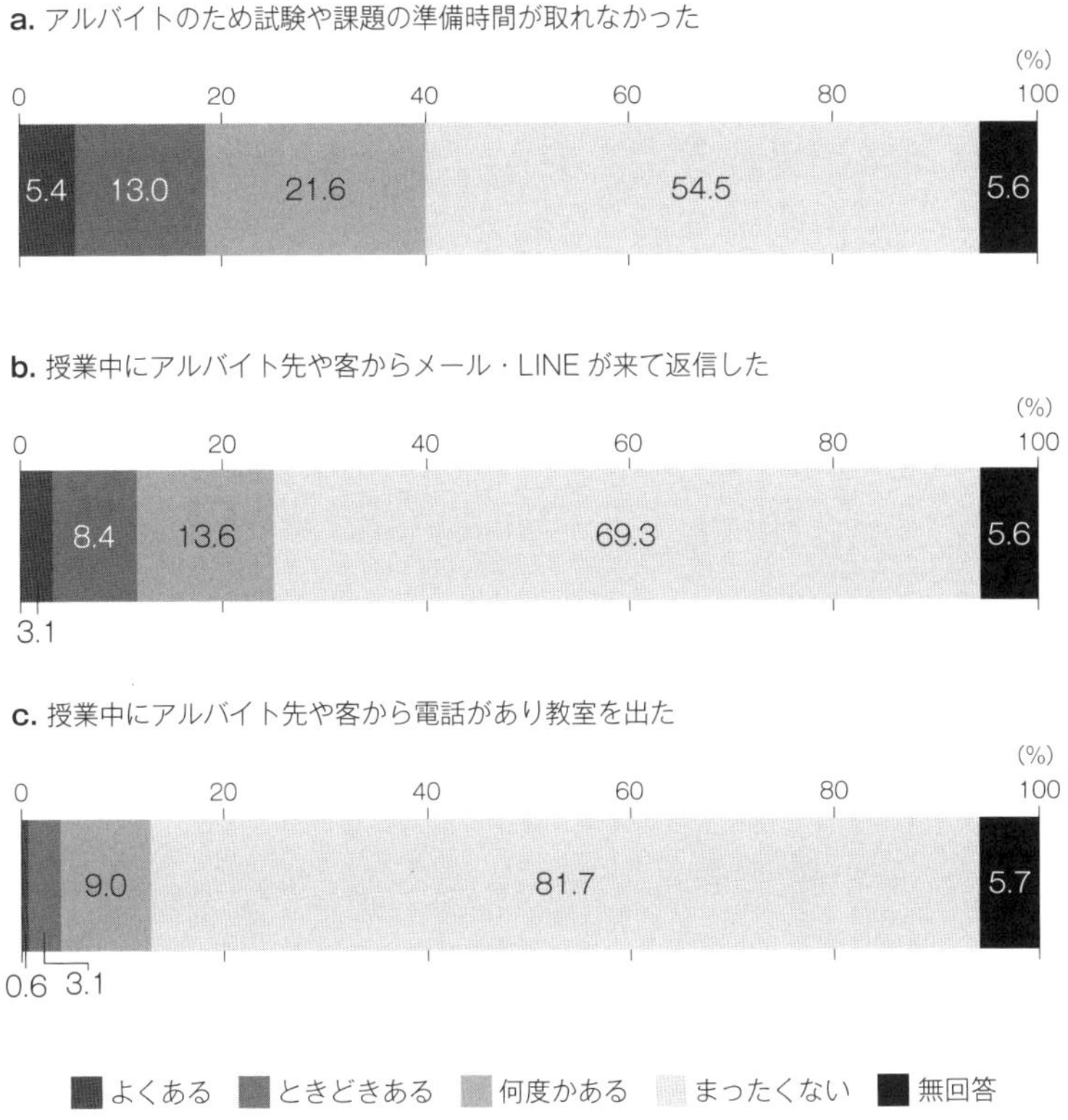

深夜勤務の増加やシフトの強要、フレキシブルな働き方を強いられることで、大学に行けなかったり、試験勉強ができなくなるなど、学業に悪影響が出ていることがわかります。

さらにアルバイトが大学生の勉強に明らかに影響を与えている事例があります。図4bは、授業中にアルバイト先やお客さんからのメール・LINEが来て、それに対応するために授業中に返信した経験に対する回答です。「よくある」3・1%、「ときどきある」8・4%、「何度かある」13・6%で、合わせると全学生の4分の1以上に達します。

図4cは、授業中にアルバイト先やお客さんからの電話がかかってきて、それに対応するために教室から出た経験に対する回答です。「よくある」はさすがに少なくて0・6%ですが、「ときどきある」が3・1%、「何度かある」は9%で、こちらも合わせると1割以上に達しています。

どちらもまだ多数派ではありませんが、一定数の学生は、授業中にまでアルバイトの拘束力がおよび、学業に悪影響を与えていることがわかります。「学生であることを尊重しない」ブラックバイトが、学生生活を危機に追い込んでいるのです。

事例集　これがブラックバイトだ！

①　個別指導塾　Aさん（2年生）のケース
賃金の未払いやサービス労働、追加業務が常態化している

90分の授業時間以外に、必ず無給で働く時間が日常的に存在する。授業前の準備の業務に約20分かかる。授業後も生徒の見送り、報告書の記入とチェックで70分近くかかる。それらの時間を合計した約90分については賃金が支払われない。採用時に提示された時給は1600円だが、実働時間で割ると時給800円で地域の最低賃金（最低賃金法に基づいて国が決める基準額で、地域や産業別に定められている）を割っていた。

他の仕事として、夏期講習や冬期講習などのカリキュラムや教材作成、生徒の過去のテスト用紙を回収しての学校のテスト傾向分析と予想問題作成、生徒の内申書分析と志望校対策、保護者との面談、生徒を集めるためのビラまきやポスティングなどもある。またアルバイト講師同士で生徒指導を改善するための会議や後輩のアルバイト講師の教育まで「自主的」に行うことが奨励される。

これらの業務の多くは賃金がまったく払われないか、払われたとしても実際の労働時間とは無関係に、数百円の固定額（最低賃金以下）しか支払われない。

Aさんはもともと週3日勤務でアルバイトを始めた。ところが、今は週6〜7日勤務で働いている。当初は6人程度だった担当生徒が、今では20人以上となっている。講師が足りていないにもかかわらず、教室長が次々と生徒を募集するためだ。夏期講習でもシフトを多く入れられ、9〜21時頃までの勤務が1か月以上続いた。Aさんはこの個別指導塾を辞めたいと申し出たが、教室長に「今は辞めさせない」と止められ、その後も1年以上辞められないでいる。大学の授業との両立にとても行き詰まっている。

② コンビニエンスストア　接客から売り上げノルマの達成まですべてアルバイトに頼る

B君（3年生）のケース

コンビニエンスストアでアルバイトをするB君が困っているのは人手不足だ。業務のほとんどをアルバイトで回しているが、中には時間的余裕がない人もいるため、やりくりが大変でとても忙しい職場になっている。時給もほぼ最低賃金である。仕事量と賃金水準のことを考えると、「割にあっていないな」と感じている。残業は日常茶飯事で、定時に帰ることはまずできない。フリーターの人が残業をして、８時間以上働くこともある。

そうした空気にも違和感を持っているが、「言い出すことはできない」と言う。むろん残業代は出ない。しかも固定シフトなので、テスト期間など休みが欲しい時は他の曜日の人に入ってもらうしかない。毎回希望通りに休みがとれるということはなく、体調が悪くても代わってもらえない。

違算や弁償もよくある。違算とはレジで打ち間違えがあった際、最後の決算でマイナスぶんをそのレジ担当者に支払わせること。弁償では、落としてぐちゃぐちゃになってしまった弁当、缶の一部が凹んだジュース、その他の破損商品などを買い取らされる。公共料金の支払いで現金をもらい忘れたまま払込通知書に判を押してしまって、未収金を給与から差し引かれたこともある。

ケーキ、恵方巻などの販売ノルマがアルバイトにも課せられていて、売り上げが達成できない場合には、自腹で買い取ることを事実上強制される。Ｂ君は「おでんのノルマがきつかった」と言う。おでん１００個のノルマがあり、店の外にまで売りに行ったにもかかわらず20個しか売れず、80個も自分で買い取ったことがある。職場の同僚アルバイトは、おでん用の機材一式を店から借りてホームパーティーを開き、呼び集めた友だちにおでんを買ってもらってノルマを達成したそうだ。

③ ファーストフード店
Cさん（4年生）のケース

過剰なシフトを回すため
アルバイトを言葉巧みに囲いこむ

Cさんは通いやすいという理由で、ファーストフード店でアルバイトを始めた。採用時に「この業界は、いつが忙しいかわかるかい？」と聞かれ、答えに困っていると「5月の連休や冬休み、特にクリスマスや年末年始だよ」と言われた。そこで「なるほど、そういうものなのか」と納得したという。以降、Cさんの5月の連休、クリスマスや年末年始はアルバイトで埋め尽くされることとなる。

仕事場は常にスタッフが不足していて、アルバイトの勤務シフトが増えてしまう。Cさんのシフトも、大学入学後すぐに週5日ほどになった。周囲では週2日希望でも、週に5日以上勤務している学生が大勢いた。当初、Cさんは状況がわからず試験期間中もシフトを入れてしまい、1年生の時には大学での単位を大量に落としてしまったという。勤務できる人が少ない日には、店長から電話などで勤務に出られないかたずねられる。これは断りづらく、「つい応じてしまう」とCさんは言う。

店長は17時以降店にいないので、商品などのクレーム対応はアルバイトが行う。テイクアウトやドライブスルーでの商品の入れ忘れなどは、アルバイトが客の自宅まで配達しなければばならない。しかし、その際の交通費は支給されず、自己負担となってしまうのも「困ったことだ」と言う。

ある時、店長から「君は仕事ができるね」と言われて時給を50円上げてもらい、Cさんは仕事へのやる気を増したという。店の売り上げをよくするために、勤務時間以外にもPOP広告の製作や店の雰囲気作りへの工夫に時間を費やした。

アルバイトと正社員との飲み会などの交流が盛んに行われ、その過程で、自分だけでなく周囲のアルバイトも「店の売り上げ」に熱心となっていった。

Cさんが最も困惑したのは、クリスマスキャンペーンの売り上げノルマだった。その店ではクリスマス期間中の売り上げ目標をノルマとして、正社員だけではなくアルバイトも事前に自己申告するシステムだった。目標が達成できないとその後の評価が下がるので、Cさんは自分の能力を考えて低めに申告した。すると周囲のアルバイト仲間から「Cさんは○○(店名)愛が足りないよ。もっとノルマを増やさなきゃ」と忠告されたという。

Cさんは熱心に働いていたが、「アルバイトよりも学生であることのほうが大事」という気持ちがあって、周囲の忠告を断った。何よりも周囲の学生アルバイトが、率先して自らのノルマを厳しく設定する姿に困惑したという。Cさんは、このことをきっかけに店や周囲との関係が悪化し、そのファーストフード店を辞めさせられることになったそうだ。

④ アパレル店 Dさん(1年生)のケース

自社ブランド商品を「制服」名目でアルバイトに買わせる

女子学生のDさんは人と接することが好きなのもあって、あるアパレルメーカーのお店でアルバイトを始めた。が、ここでも直面したのは勤務シフトの問題だった。1か月前に提出した勤務希望リストをもとに、毎週末に次のシフト表が出される。しかし最大限の出勤努力をきつく言われるため、どうしても勤務できない時間帯しか申請できず、週によってシフトがばらばらで予定が立てられない。

しかもその店には1人も正社員がおらず、店員として学生アルバイトとフリーターがいるのみだった。そのため低い賃金で重労働を強いられた。試験前でも店を休むことは許されない。特に厳しかったのは、人手が足りなくなって忙しい年末年始。Dさんを含めて、たった3人で店を回した。10~22時までフルタイムで働く日が続いたという。

さらに納得できなかったのは、「制服」の買い取り制度である。店内での接客時に着用する制服は店を運営するアパレルメーカーの服で、その時々に店頭で売られている商品を着る規則になっている。しかもその服は、店員が自腹で買うことを強要されるのだ。Dさんは頻繁にシフトに入っていたこともあって複数着を買わなければならず、「制服代」だけでも月に1万円を超えた。

この店では、約1か月ごとに店の商品の入れ替えが行われる。ということは、店員はほぼ毎月「制服」を買わなければならないのだ。Dさんはアルバイト代が減ってしまうので嫌だったが、周囲のアルバイト仲間がみな購入しているので、従わざるを得ない。

中にはそのアパレルメーカーの服が特に好きで、アルバイトをしている学生もいる。そうして服を買い過ぎて店に借金をしてしまい、返済をするためにシフトを増やす学生もいるそうだ。Dさんは人と接することがしたくてアパレル店員になったが、正社員としては絶対に働きたくないと思ったそうだ。

⑤ 居酒屋 退勤時間を過ぎても無給居残りで仕込み作業をさせられる
E君（1年生）のケース

居酒屋で働くE君は、アルバイトを始める時に雇用契約書を渡されることなく、労働条件の説明もあまり詳しくは行われなかった。そこで最も困るのは、退勤時間が決まっていないことだ。出勤時間は18時からと決まっているが、何時まで働くかは勤務中に店の混み具合によって店長が決める。そのためシフト表にも出勤時間しか書かれていない。

退勤時間を過ぎても、残って仕込み作業をする。その作業はタイムカードを切ってからやらされるので無給である。腑《ふ》に落ちないけれど先輩もみな残ってやるので、一番下っ端の自分が先に帰れるわけがない。

E君が特に不満なのは、募集時に「3か月たったら時給が850円に上がる」となっていたが、実際には採用時からまったく変わらず、6か月たっても時給800円のままであることだ。ここでも周囲のアルバイトがみな、同じ状況を我慢しているという。

アルバイトを始めた当初は週3回ぐらいの勤務だったが、最近では人手不足のため週5回も6回もシフトを入れられ、自分のやりたいことがまったくできなくなってしまった。試験勉強もおろそかになってしまい、単位取得が心配になっている。また、勉強だけでなくプライベートにも支障をきたしている。客の予約が立て込むと、出勤日でない日でも急にシフトに入れられるので、友人と遊ぶ約束をしていても断らざるを得ないことが多い。

E君はアルバイト先を変えようと思っているが、また一から仕事内容を覚えなければいけないし、今働いている職場のようにまた嫌な扱いを受けたらと思うと、次のアルバイトを探す気がなかなか起きないという。

2章

昔とまったく違う現代のバイト事情

本章のポイント

【ポイント ①】

ブラックバイトの事例を聞いて、多くの大人は「そんな悪いアルバイト先ならなぜ辞めないのか?」という疑問を抱く。しかしそこには、現代の大学生が直面する「自分で稼がなければ大学に通えない」という経済事情が潜んでおり、辞めたくても辞められない状況がある。

【ポイント ②】

バブル崩壊以降の人件費削減により、多くの企業で非正規雇用労働者が基幹労働を担わなければならなくなった。その結果、かつては補助労働を行っていたアルバイトやパートタイマーの仕事内容や責任的立場が激変し、ブラックバイトを増長させている。

【ポイント ③】

かつては高額だった塾講師や家庭教師の賃金が低下したことで、学生アルバイト全体で正当な賃金が期待できなくなっている。そうした環境の中で、学生たちはわずかな時給アップを餌にサービス労働、休日返上など雇用主の言いなりに働くようになってしまった。

「辞めればいいじゃん」「なぜ辞めないの?」

ブラックバイトについてマスコミの取材を受ける中で、また講演会の質疑応答などでも必ずされる質問があります。それは、「そんなにひどいアルバイトなら、辞めればいいんじゃないですか?」「なぜ彼らはブラックバイトを辞めないのですか?」というものです。

特に30代以上の社会人で、自分も若い頃にアルバイトをした経験がある、というような人から多くされる質問です。いまの学生がアルバイトでひどい扱いを受けていることを説明するたび、私は徒労を感じながらもこの質問に繰り返し答えてきました。

そうこうしているうち、次第に「いや、この点について理解してもらうことこそが大切なんだ」と思うようになりました。

よく考えてみてください。「そんなひどいバイトは辞めればいい」という意見や、「なぜ辞めないのか?」という質問が出るということは、そのように思われた人の時代はアルバイトを辞めることが比較的容易だったのではないでしょうか? ところが現在の学生がアルバイトを辞めることは、多くのケースで容易なことではありません。

では一体なぜ辞められないのか、これから説明したいと思います。

辞めたら大学生活を続けられない学生たち

現在の大学生はブラックバイトをどうして辞められないのか。それは以前とは学生の経済状況がまったく違ってきているからです。端的に言って、現在の学生はとても経済的に貧しい状態にあります。

全国大学生活協同組合連合会の「学生生活実態調査」によると、国公立・私立の学部学生の1か月あたりの仕送り額は年々大きく下がっています。注目すべきは仕送り額10万円以上の変化です。1995年には月の仕送り10万円以上が6割超だったのが、2015年には3割にまで半減しました。それに対して以前は一握りだった仕送り0円は1割近く、5万円未満は2割以上にまで上昇しています。

地域や生活水準による違いはあれ、月に10万円以内で家賃を払って一人暮らしをするというのは容易ではありません。仕送り0円の学生は、相当のアルバイトをする必要が出てくるでしょう。もちろん仕送り5万円未満の学生にとっても、アルバイトは収入源として欠かせないものである可能性が高いと言えます。仮に月の家賃が5万円であれば、アルバイトをしなければ生活はすぐに苦境に陥ってしまいます。

仕送りが必要ではない自宅からの大学生もいるではないか、という意見を持たれる方もいると思います。

47ページの図5は、自宅通学者も含めて大学生全体の学生生活費の収入額の推移を示したもので、親からの小遣いや仕送りが大きく減っていることがわかります。奨学金は若干増えていますがアルバイトの収入額はほぼ横ばいか減っているので、家庭からの給付減を補いきれず、学生の経済状況は年々厳しくなっていることがわかります。これらのデータから読み取れるのは、仕送りや家庭からの給付が減ることにより、学生の経済状況が悪化しているということです。そのことによってアルバイトの位置づけに大きな変化が起こったと見ることができます。

かつて仕送りや家庭からの給付が十分にあった時代には、学生にとってのアルバイトは主としてサークルや趣味など「自分で自由に使えるお金」を稼ぐためのものでした。しかし、ここまで仕送りや家庭からの給付が減ると、アルバイトは「それがなければ大学生活が続けられないお金」を稼ぐためのものへと変わってきたのです。この変化は、学生にとってのアルバイトの意味を大きく転換します。「自分で自由に使えるお金」を稼ぐためであれば、嫌なことや不当なことがあってアルバイトを辞めてしまっても「自由に使えるお金」を使うのを我慢すればすみます。「そんなアルバイトは辞めればいい」という意見の方は、自分のアルバイトがそういう位置づけだった方が多いのではないでしょうか？

しかし「それがなければ大学生活が続けられないお金」になってしまえば、たとえ嫌なことや不当なことがあってもアルバイトを辞めることは簡単ではありません。辞めてしまえば、たちまち大学生活が危機に陥ることになるからです。

こうした「生活費を稼ぐ」学生の登場は、アルバイトを雇う側の意識も変化させます。かつてであればきつい仕事やノルマを課したりしたら、すぐに辞めてしまう危険性がありましたから、学生に気を使わなければなりませんでした。しかし、現在では「生活費を稼ぐ」学生たちは、仕事を簡単には辞めません。ですから雇う側も学生に少々無理なことを押しつけても大丈夫という意識を持つようになっていると思います。

本来は補助労働のはずが、基幹労働を担う

学生が全体として貧困化しているのは事実です。しかし、日本のすべての学生が貧困化しているわけではありません。中には「生活費を稼ぐ」必要には、それほど迫られていない学生も少なからず存在していることでしょう。実はそんな学生であっても、ブラックバイトに陥って抜け出せない人がいるのです。ということは、経済的事情以外にもブラックバイトを辞められないわけがある、ということになります。

図５ 大学生（昼間部）の生活費における収入額の推移

資料：独立行政法人 日本学生支援機構「学生生活調査結果」（各年度）より作成

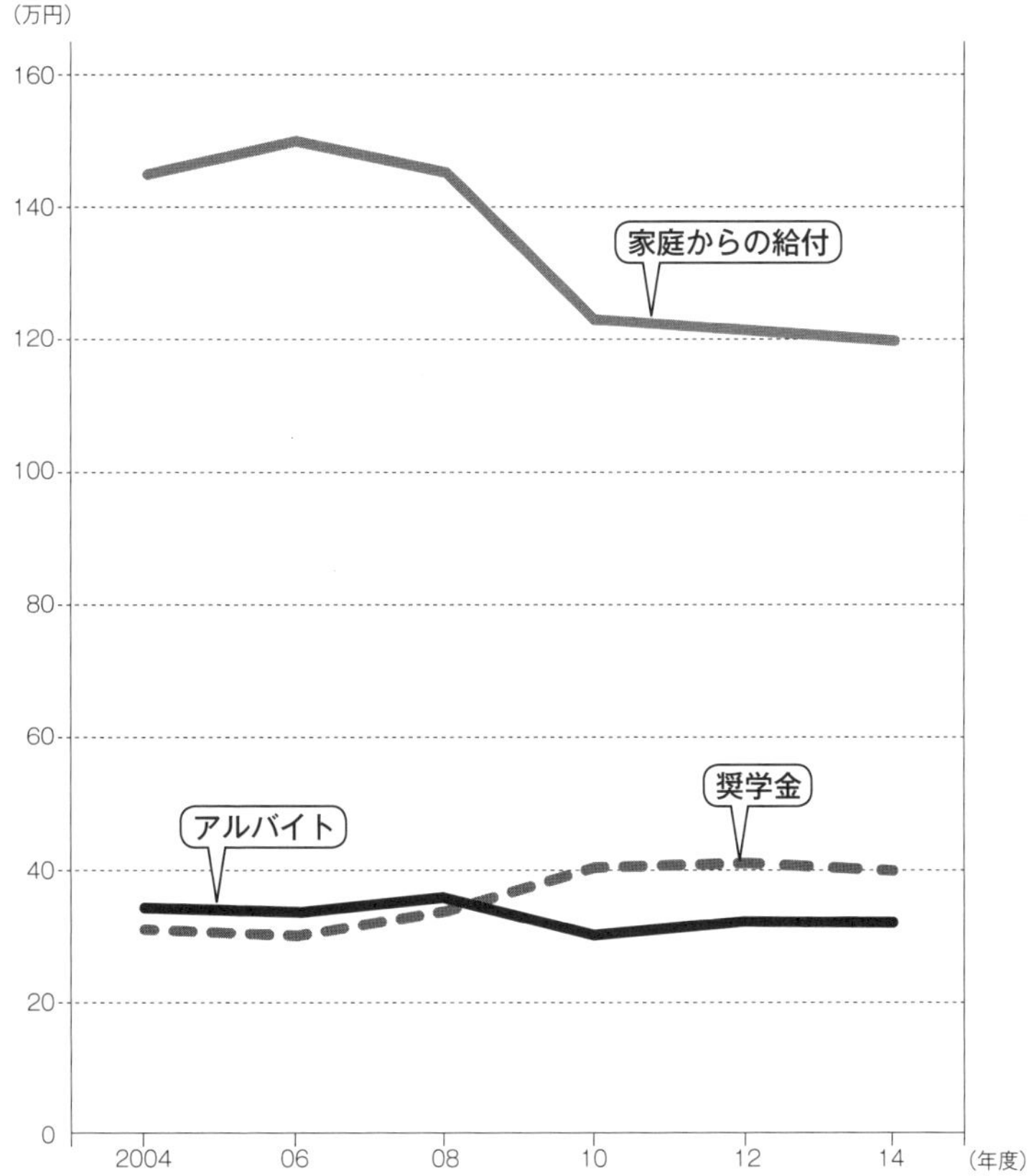

そのわけとは、労働市場の劇的変化です。1990年代に入ってから非正規雇用が激増し、正規雇用が激減しました。総務省統計局の労働力調査によれば、2015年の非正規雇用労働者数は1980万人で、881万人だった1990年の倍以上。25年間で1000万人以上も増加しています。対して正規雇用労働者数は184万人も減少しました。

このことが労働市場を大きく変化させました。正規労働者が減り、非正規労働者が増えたことによって、非正規労働者の職場における位置づけを変えることになります。かつて、正規労働者が圧倒的多数であった時期には、多くの職場で責任ある基幹労働は、正規労働者が担っていました。パートタイマーやアルバイトなどは、正規労働者をサポートする補助労働を担うことが主な役割でした。しかし、基幹労働を担っていた正規労働者が大幅に減少すれば、誰か他の労働者がその役を担わざるを得なくなります。そうでなければ職場が成り立たなくなるからです。

この構造変化は重大です。居酒屋、ファーストフード店、コンビニエンスストア、飲食店、塾、ホテル、結婚式場など、働く場所が同じであっても補助労働と基幹労働では仕事の範囲も責任もまったく違うものになるからです。基幹労働を担うということは、その職場になくてはならない存在になるということです。雇う側は、学生アルバイトを職場の戦力として位置づけ、学生に対して労務管理を行うようになりました。正規労働者が基幹労働を担っていた時代は、学生アルバイトがいつ辞めても職場自体が立ち行かなくなることはありませんでした。しかし、今は大きく様変わりしています。

基幹労働を担うことが増えた現在の学生アルバイトは、職場の本格的戦力として期待されており、研修の増加など、正規労働者並みの育成プログラムを持つ職場も増えています。アルバイトに求められる労働の高度化が進み、やる気や責任感を持たせる工夫も多岐にわたって行われています。学生アルバイトの多くが「なくてはならない存在」ですから、職場への組み込みはかつてのものより、はるかに強くなっています。学生アルバイトが「試験前でも休めない」とか「なかなか辞められない」というのは、この職場への組み込み強化を考えれば、すぐに納得がいきます。

アルバイトがプレ「就活」になっている実情

こうした労働市場側の要因に加えて、学生の側の主体的要因も存在します。ブラックバイトに苦しんでいた学生から、本人が「劣悪な処遇」であることを自覚していて、しかも辞めたい気持ちがあったにもかかわらず、なかなか辞められなかったという経験を話してもらったことがあります。

「どうしてなかなか辞められなかったの？」とたずねると、その学生が、「バイトを辞めたら就活に不利になると思った」と言うのです。また、ひどい処遇のブラックバイトで働き続ける学生に「どうして続けるの？」とたずねたら、「厳しいバイトで耐えれば、その経験を就活の面接で話せるから」と言うのです。「そんな考え方があるんですね」と私が少し疑問を感じながら話すと、「私の周囲は、みんな就活のために厳しいバイトを探していますよ。そんなのは常識です」と強く断言されてしまいました。

私は驚きました。１９８０年代半ばの私の学生時代には、アルバイトを「お金を稼ぐ」手段としてだけでなく、一種の社会勉強として捉える見方は存在していました。しかし「バイトを辞めたら就職に不利になる」とか「バイトの厳しい経験が就職に有利になる」なんてことは、その頃には一度も私自身は聞いたことがありません。誰一人そんなことは言っていなかったと断言することはできませんが、少なくともそんな考え方が大学生に一般化しているということはなかったでしょう。

現在では、こうしたアルバイトと就活とを結びつける考え方は広く普及しているように見えます。しかし、アルバイト経験が就活の有利や不利につながるかどうかを証明することは困難です。就職の面接では自分のアルバイト経験を「語る」だけで、その場でアルバイト経験を「再現」することはできません。就活生が自分のアルバイトについて、本当のことを言っているのかどうかを確かめる手段もありません。就活がうまくいったとしても、それが「バイト経験」によるものか、他の理由なのかどうかはわかりません。少なくとも厳しいアルバイトに耐えれば就活に有利になるとか、途中で辞めると就活に不利になると断言することはできないでしょう。

ではなぜ、このような考え方が広がったのでしょうか？

一つは現在の大学生が、１９９０年代前半のバブル経済崩壊後の就職難の時代に生まれ育ってきたことと関係があると思います。彼らは生まれてからずっと、「就職は厳しい」と周囲から言われ続けてきています。就職に対する不安が、心に深く浸透していると思います。特に「〇〇大学卒業」という学校歴の就職決定力が親の世代よりも落ちていることは、彼らの不安をとてもかきたてるものとなっています。

ある飲食店の例では、退職を申し出た学生に対し店長が、辞めるなら懲戒解雇にする、そうなったら就職できなくなると脅していたそうです。この「就職できない」という一言で辞められなかったと、その学生は後に語っています。

アルバイト先からの不当解雇が就職を不利にするとは思えませんが、この言葉が学生に大きな恐怖をもたらす現状を見ることができます。また雇う側にもこうした学生の気持ちを知って意図的に不安をあおったり、恐怖による支配を行っている面があると思います。

「正社員並みの労働」が学生の責任感をあおる

もう一つは、2003年に政府が打ち出した就業促進政策「若者自立・挑戦プラン」を契機として推進されたキャリア教育の影響です。このキャリア教育は当時から大きな問題となっていた若年雇用問題の解決方法として導入されました。そして、大学教育においても18歳人口減少の中の「生き残り策」として、キャリア教育が導入されていきました。

ここでのキャリア教育は、本来あるべき多面性を十分には持たず、「職場体験」を重視し、「就労の促進」や「就職対策」に特化する内容でした。そして、大学での教育内容と十分に関連づけられてもいませんでした。大学での学習内容とは別に「キャリア教育」が存在し、そこでの職場体験による経験知やコミュニケーション能力の向上こそが、就職対策に役立つという論理が大学教育内にも浸透しました。そのことが大学での勉強よりも、アルバイト経験のほうが役立つという考え方を推し進めたように思えます。

現在の大学生の多くが最も重要視している「就活」が、「厳しいアルバイトに耐えることによって有利になる」という考え方が学生の間に存在しているのですから、そこでは「なぜ辞めないの」とか「辞めればいいじゃん」という言葉はまったく無力です。アルバイトが「プレ就活」となっていることが、アルバイトを辞められないでいる要因の一つとなっています。

「嫌だったら辞めればいい」という意見の背景には、①アルバイトを辞めても生活はすぐには困らない経済的余裕、②辞めてもすぐにより条件のいいアルバイトが見つかるという恵まれた社会環境、③アルバイトは賃金が安いのだから正社員並みに働くのは不当だ、という意識などがあると考えられます。しかし現在の学生は、①〜③の条件がすべて奪われた状態にあります。「嫌だったり」「大変だったり」するなら辞めればいい、ではなく「嫌だったり」「大変だったり」しても辞められないし、「嫌だったり」「大変だったり」するほど責任の重い仕事であるが故に、辞めにくいし、辞められない状態に置かれているのです。

❗ そんなことまでアルバイトにやらせるのか!?

学生の経済的貧困化、補助労働から基幹労働への移行、アルバイトのプレ就活化などによって、容易に辞められないという点でブラックバイトは昔のアルバイトとは異なっています。さらに仕事自体も、かつてとは大幅に違ってきています。

端的に言って「そんなことまでアルバイトにやらせるの!?」と思われることが少なくありません。私自身も経験のある学習塾講師のアルバイトを例にとると、現在の学生の働き方で驚くのは生徒に教えること以外の業務の増加です。私が働いていた頃は、授業で教えた後に授業記録を記入する紙にその日の進度を書き込むだけでした。その時間はせいぜい5分程度しかかかりません。私の頃から学習塾では「コマ給」といって、授業の正味時間のみを1コマとして、90分授業なら1・5時間ぶんの時給がもらえるシステムでした。教える時間以外の業務はほとんどなかったので、アルバイトの給料も納得のいくものでした。

しかし、学生から聞いた塾アルバイトの業務拡大には驚かされます。授業記録は昔よりもはるかに細かい内容で、記載にかなりの時間を要します。生徒の定期試験の予想問題や教材作りも増えています。仕事の一環として保護者面談を任せる塾も多くありました。

業務の拡大に反して、その増えた業務に十分な給料が払われていないことが多く、無給の場合さえ存在します。かつての感覚からすれば仕事の範囲と責任が重過ぎるし、少なくとも適正な給料が支払われなければひどい状況です。

飲食店の働き方にも変化が起こっています。かつてのアルバイトは調理や接客など、限定的な業務を担当していました。店の戸締りやレジの精算、材料の発注などはたいてい店長や正社員の仕事でした。しかし、現在では店の戸締りやレジの精算、材料の発注などをアルバイトが担当することは普通にあります。

またアルバイトが増加する中で、従来は正社員が行っていた新人研修、勤務シフトの調整などもアルバイトに任せるところが増えています。バイトリーダーや時間帯責任者などの統率役を指定する場合と、スマートフォンのＬＩＮＥアプリなどを使い、アルバイト同士で連絡をとらせて勤務シフトを調整させる場合とがあります。いずれにせよ、かつて正社員が行っていた役割を担っていることは間違いありません。

私は、授業中にもかかわらず、アルバイトメンバーの勤務シフトを組んでいる学生を見たことがあります。「そんなことは授業時間以外にやればいい」と、思われる方もいるかも知れません。しかしアルバイトに対して、業務時間以外にシフトを組む仕事が発生していること自体が問題であると思います。

「そんなことまでアルバイトにやらせるの!?」とは程度の問題でもあるので、どこまでが適切な範囲で、どこからが適切でないのかを厳密に定めることは容易ではありません。この項目は、私の経験と現在とを比較して書いています。現在の学生の皆さんから見れば、むしろ現在の状況が「普通」であって、かつてアルバイトの仕事がもっと限定されていた頃があったことのほうが驚きかも知れません。

しかし、これだけ業務が拡大してしまうと、それは時間的にも体力的にも学生を追い込みます。アルバイトの業務拡大によって、学生の学習時間が奪われている危険性は高いと思います。また、大学の授業中にアルバイト先からの対応に追われて、授業中に十分に学べない状況が生まれているのは、明らかに行き過ぎでしょう。学生であることを尊重しないアルバイト、まさにブラックバイトだと言えます。

塾講師・家庭教師も割のいいバイトではない

「昔のアルバイトと現在のブラックバイトはまったく違う」ということを、明確に示す実例が塾講師や家庭教師のアルバイトです。24ページで紹介した「学生アルバイト全国調査」では、アルバイトの仕事別の時給もたずねています。図6は業種別に見た時給を示していま す。これを見ると「塾・家庭教師」の平均時給は1216・74円で、全アルバイトの平均時給944・2円よりも高くなっています。

しかし、他業種と比較して時給の高い「塾・家庭教師」には問題点もあります。59ページの図7は、これまでのアルバイトで不当な扱いを経験した学生の割合を業種別に示したものです。これを見ると「準備や片付けの時間に賃金が支払われなかった」「仕事が延びても残業代が時間通り支払われなかった」で、塾講師や家庭教師は他業種よりもその比率が高く、平均を大きく上回っていることがわかります。これでは時給が高くても「割がいい」とは言えないでしょう。

図6 アルバイトの業種別に見た時給（昼間）

資料：ブラック企業対策プロジェクト
「学生アルバイト全国調査結果（全体版）」より作成

	平均値（円）
居酒屋	937.55
ファーストフード・コーヒー店	887.28
その他飲食店	902.69
コンビニ・スーパー	868.44
その他小売	892.91
塾・家庭教師	1216.74
倉庫・配送・引っ越し等	938.25
アミューズメント	894.55
ホテル・ブライダル	1027.24
その他	1033.68
不明	976.47
平均	944.20

現在40～50代で、大学時代に塾講師や家庭教師のアルバイトを経験した方なら、いまの平均時給が約１２００円と聞くと「とても安くなっている」という印象を持つ方が多いと思います。１９８０年代～１９９０年代前半頃であれば、その時給は２０００～３０００円が相場で、中には時給５０００円程度のものもありました。

実際、50代ぐらいの方からは「授業料や生活費は親に負担してもらっていたが、サークルにかかる費用や書籍代は家庭教師のアルバイトをして、自分でまかなった」という話をよく聞きます。週2～3回も家庭教師をやれば、月に5～7万円の賃金になりますから、その程度の費用を支払うことは多くの学生にとって可能だったのでしょう。

大学での学業との両立を志向する学生にとって、塾講師や家庭教師のアルバイトはとても貴重な存在でした。小・中学生や高校生の勉強であれば、学生自身がこれまで勉強してきた内容を生かすことができますから、新たに学んだり、研修を受けたりする必要はあまりありません。

新たに学ぶことが少なければ、仕事に慣れることは比較的簡単です。しかも大学の授業やサークル終了後、比較的少ない日数と短い時間で、学生が必要とするお金を稼ぐことが可能です。学部による違いはあるでしょうが、1日約2時間で週2～3日のアルバイトなら、学業との両立は比較的容易であると判断できます。

図7 アルバイトで不当な扱いを経験した学生の割合（業種別・複数回答）

資料：ブラック企業対策プロジェクト「学生アルバイト全国調査結果（全体版）」より作成

	準備や片付けの時間に賃金が支払われなかった	仕事が延びても残業代が時間通り支払われなかった
居酒屋	12.7%	9.6%
ファーストフード・コーヒー店	18.8%	15.3%
その他飲食店	12.9%	10.6%
コンビニ・スーパー	13.1%	15.1%
その他小売	10.9%	11.4%
塾・家庭教師	30.1%	21.4%
倉庫・配送・引っ越し等	16.3%	10.6%
アミューズメント	14.6%	13.0%
ホテル・ブライダル	7.8%	7.8%
その他	12.0%	8.4%
全体	14.9%	12.6%

しかし、現在の時給は約1200円。しかも未払い賃金の比重が高ければ他業種とそれほど変わらない額で、ひどい場合は地域の最低賃金を割っている場合さえあります。これでは学生にとって割のいいアルバイトとはとても呼べません。「塾・家庭教師」のアルバイトをしても、労働時間が長くなりますから、学業との両立は容易ではありません。

塾講師や家庭教師の時給がこれだけ下がったのには理由があります。1990年代後半からの個別指導塾の広がりにその要因の一つがあります。個別指導塾とは、1人の講師が広い教室で数十人の生徒に講義をするような集団指導型と異なり、1〜3人程度の生徒にプリントの問題などを解かせて質問に応じ、個々に向き合って教えるタイプの学習塾です。

個別指導塾が1990年代後半から急成長し、既存の集団指導塾大手や家庭教師業界からも市場参入が相次ぎました。個別指導塾は集団指導よりも教える生徒の人数が少ないこと、また集団指導ほど講師の力量や準備が必要とされないことなどから、指導する講師の時給を引き下げました。この個別指導塾の登場と広がりが、教育産業全体の賃金を引き下げる役割を果たしています。

こうして今の時代では、塾講師や家庭教師が割のいいアルバイトではなくなってしまっているのです。

短時間で稼げるバイトを求め風俗店に入る学生も

学習塾や家庭教師のアルバイト事情の変化は、学生に大きな影響を与えました。一つは学業に熱心な学生への影響です。経済的には厳しいけれど、学業の時間を確保したい学生にとって、割のいい塾講師や家庭教師アルバイトの存在は極めて貴重でした。その「割」がもはやあまりよくないということになれば、学生が短時間で多く稼げるアルバイトはほぼなくなったことを意味します。これでは短時間で必要なお金を得ながら、学業に力を入れたい学生は大変です。

二つめに、他のアルバイト職種への影響です。時給3000円前後の割のいい塾講師や家庭教師のアルバイトが存在感を持っていた時期は、時給900〜1000円のアルバイトへの見方が現在とは違っています。時給3000円前後のアルバイトをしている学生や、その経験がある学生は、時給900〜1000円のアルバイトを「割がいい」とは考えないでしょう。たとえ自らが時給3000円のアルバイトをした経験がなくても、周囲にそのような学生がいれば、自分は「安い賃金で働いている」という自覚を持つことが多かったはずです。だからそのアルバイトにやる気や責任感を持つことにブレーキがかかります。

しかし、現在はそうではありません。私の地元の愛知県は最低賃金時給820円

（2015年10月1日〜）ですが、学生から「時給950円なら割がいい」「時給900円だとありがたい」などの発言が日常的に飛び出します。周囲に時給800円台の学生が多いので、そういう意見を持つのです。

彼らの多くは、時給が50円上がって900〜950円になると、バイトリーダーや時間帯責任者になったり、高いノルマを設けたりなど、過酷な労働を積極的に引き受けます。そこには学生の貧困化に加えて、時給1000円未満であっても割のいいアルバイトであると考える彼らの意識が影響しています。時給1000円未満であっても「割がいい」と思う学生の登場は、塾講師や家庭教師などの待遇が急速に悪化し、周囲にかつての意味で割のいいアルバイトがほぼ消滅したことと関係があると思います。

三つめは、女子大学生の風俗業への参入の増加です。ノンフィクションライター中村淳彦氏の『女子大生風俗嬢　若者貧困大国・日本のリアル』（朝日新書、2015年）では、学費や奨学金に苦しむ女子学生たちが風俗店で働くことが増えている状況をリアルに描いています。風俗店で働くことによって初めて、「学業」や「学生生活」とアルバイトの両立が可能となった例が登場しています。

ここにはブラックバイトの増加によって、学生生活との両立が可能な、特に短時間で一定以上の額を稼げるアルバイトが極小化していることが関係しています。塾講師や家庭教師のアルバイトの賃金低下は、学生にとって割のいいアルバイトの減少とブラックバイトの増加をもたらし、一部では経済的に厳しい家庭出身の学生たちの風俗業への参入を余儀なくさせていると思います。

クリスマスが嫌いな学生が増えているワケ

このようにブラックバイトはかつてのアルバイトよりも辞めにくく、仕事の範囲が拡大していると説明しても、「自分の時だってアルバイトは大変だった」という意見をおっしゃる方もいます。個別に見れば、かつても過酷なアルバイトが存在していたというのはその通りでしょうし、その方の経験や感覚を否定する気はありません。論理的にはわかっていても、感覚的にはなかなか納得しにくいことがあります。自ら経験がある学生時代のアルバイトについては、特にそうでしょう。

学生アルバイトのあり方が全体的に変化をしていることを、ぜひ理解していただきたいのです。そこでお伝えしたいのが、最近私がキャッチした学生の意識です。2014年12月、授業中の教室の雰囲気が何となく暗くなっているのを感じました。学生のコメントペーパーに「クリスマスが来るのは嫌だ」「年末年始を考えると気が重くなる」という回答が何枚もありました。それを読んで「どうしてクリスマスや年末年始が嫌なのかな？」と質問すると、「昨年のクリスマスのバイトがとても大変だった。二度とあんなことはしたくない」「年末年始の過酷なバイト、またあれが来るかと思うと今から気が重くなる」と返ってきました。すべての理由は、その時期のアルバイトの過酷さによるものでした。

ゴールデンウィーク、夏休み、春休みなどの長期休暇や、大学の授業のない日を嫌がる学生は年々増加しています。なぜなら、その日は長時間のアルバイトで埋まってしまうためです。これは「学生が休める日は、アルバイトで職場を回そう」という雇い主側の狙いも影響しています。授業のない日を嫌がる学生が増加しているというのは、私にはとても驚きです。

授業がない日の中でも、特にクリスマスや年末年始を嫌がる学生が多いのには理由があります。クリスマスや年末年始は、一緒に職場を支えている主婦パートタイマーが、家族行事のために職場を離れることが多いためです。当然、職場での学生アルバイトの負担は過剰になります。また、とりわけ私立大学の学生たちは、年が明けてすぐに学期末の試験がありますす。試験や学期末レポートの準備が必要であるにもかかわらず、アルバイト負担が重くなることが、学生がこの時期を嫌がる理由です。

私同様、バブル時代に学生生活を過ごした方にとって、クリスマスはどんな雰囲気だったでしょうか。彼／彼女とデートをしたり、友人たちと食事会をするなど、楽しい時期として過ごした記憶が多いのではないかと思います。「自分だってクリスマスや年末年始は、アルバイトで潰れていたよ」という方も確かにいらっしゃるでしょう。しかしクリスマスや年末年始が近づくと、それを嫌がる学生が増加し、大学の教室の雰囲気が暗くなるという現象までは起こっていなかったと思います。

「アルバイトを休めばいいじゃないか」とは、もうここまで読んできた方は言わないでくださいね。彼らが休めない理由はすでに説明しました。職場の「組み込み」や「縛り」はとても強固です。しかもアルバイトを始める時に、「クリスマスや年末年始は必ず休まないこと」という契約を結んでいる学生も少なくありません。クリスマスを嫌がる学生が増えているというのは、ある世代の人たちにとっては驚きでしょう。この点から考えても、かつてのアルバイトと現在のブラックバイトはまったく違っていると思います。

30年前のアルバイト調査との比較

昔と現在のアルバイトを比較するのに、とても参考になる調査があります。東京都立労働研究所が１９８６年に実施した「大都市労働市場における雇用形態の多様化の実態・学生アルバイト等の有効活用に関する実態調査」です。現在からちょうど30年前の調査です。これは非正社員の活用が積極化している中で、学生アルバイトが大きな労働力となってきていることを意識して行われた、先駆的な意味を持つ調査です。

図8は、学生アルバイトを雇っている事業所に対して、「非正社員（学生）の活用上の問題点」をたずねたものです。トップは「自分の都合を優先する」で、全回答の5割近くを占めました。次いで「契約にかかわらず簡単に辞める」「長く勤めてくれない」「欠勤・休みが多い」「責任感が乏しい」と続きます。

そこで、それらの事業所に「学生アルバイト活性化・定着化のための諸施策」を質問したところ、最も多かった回答は「勤務日・時間を希望に合わせる」で、次に多かったのが「能力・勤続により賃金を高くする」、以下3番目が「ボーナスを支給する」、4番目が「責任のある仕事につける」でした。今から30年前は、学生アルバイトが「自分の都合を優先」したり「勝手に辞めていく」こと、そして「長く勤めてくれない」「欠勤が多い」「責任感が乏しい」などを雇用主側は問題点として認識していました。

一方、私たちが2014年に行った「学生アルバイト全国調査」では、急なシフト変更によって学生が自分の予定が組めないこと、辞めようとしても辞めさせてもらえないこと、仕事の責任が重過ぎることが明らかとなっています。30年前の調査とはまったく逆の結果が出ています。

図8 非正社員（学生）の活用上の問題点（複数回答）

資料：東京都立労働研究所「大都市労働市場における雇用形態の多様化の実態：学生アルバイト等の有効活用に関する実態調査」より作成

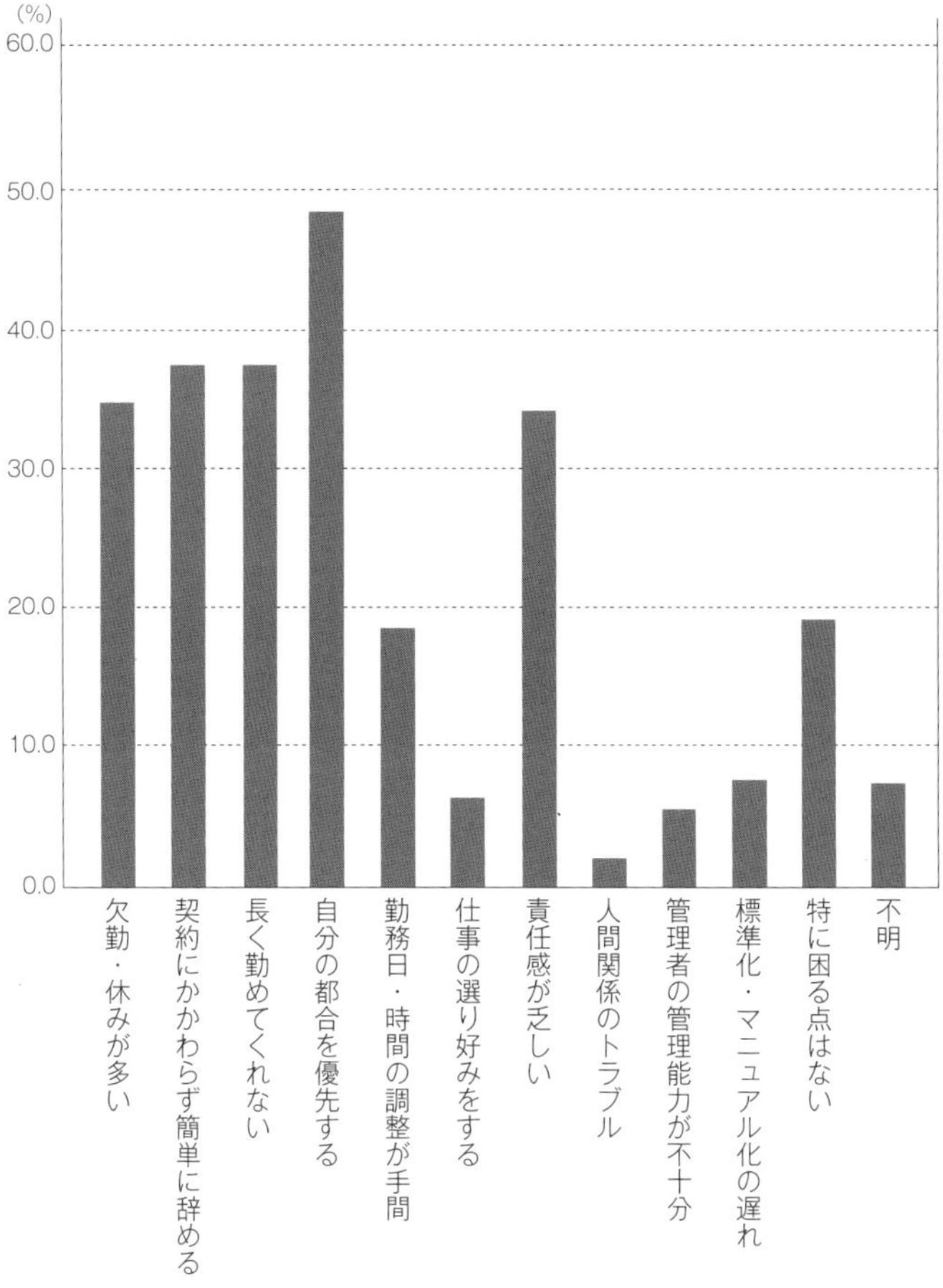

さらに、30年前はこうした問題点を認識しながらも、事業所は学生アルバイトの活性化や定着化のため「勤務日・時間を希望に合わせる」ことを第一の施策としていました。学生アルバイトが「自分の都合を優先する」ことを問題としながらも、活性化や定着化のために「勤務日・時間を希望に合わせる」ことを施策として打ち出さざるを得なかったのです。

ということは30年前と現在とでは、アルバイト先企業（事業所）と学生アルバイトとの力関係がまったく違っていることを意味します。このことは、30年前の学生たちがアルバイトよりも学生生活を優先していたこと、職場への組み込みが現在よりもはるかに弱かったことを意味します。わかりやすく言えば、学生アルバイトが現在よりもずっと有利な立場にいたのです。

しかし、現在の学生アルバイトは「勤務日・時間を希望に合わせる」ことが容易ではありません。勤務シフトを自分の意志で組めないということは、学生生活との両立を困難にします。30年前の調査結果は、昔のアルバイトと今のアルバイトが違っていること、ブラックバイトが近年になって大きな社会現象となってきたことを物語っています。

3章

働くことを義務づけられた学生たち

本章のポイント

【ポイント ①】

現代の学生たちが直面する「自分で稼がなければ大学に通えない」という経済事情の裏には、大学授業料の大幅な値上がり、子どもの教育費や仕送りを負担する保護者世帯の所得減などがある。もはや親元からの学費援助には、頼りきれない学生が増えている。

【ポイント ②】

非正規雇用の増加、年功序列型の賃金制度の崩壊など日本型雇用が解体へと向かい、若者の就職が著しく困難になっている。とりわけ高卒者の求人は減少の一途で、将来正社員として働きたい若者は有利子の奨学金を借りてでも大学を出なければならなくなった。

【ポイント ③】

経済構造の変化にともなう貧困世帯の拡大で、学生にとってのアルバイトの位置づけが昔と今とで大きく変わってしまった。「自分で自由に使えるお金」を稼ぐアルバイトはもはや過去のもので、大学もレジャーランドから「ワーキングプアランド」へと移行している。

稼がないと大学生活が送れない学生たち

現代の学生たちの中には、自ら働いて稼がないと大学生活が送れない、という若者がたくさんいます。彼らは突然登場したのではありません。そこに至るまでの歴史的経緯を見ると、第一に重要なのは大学授業料の上昇です。1960年代まで大学の授業料、特に国立大学の授業料はとても低く抑えられていました。1971年度の国立大学の授業料は年間1万2000円、1か月あたりたったの1000円です。それが1972年度に3万6000円に値上げされて以来、急速に高くなっていきました。

73ページの図9は、1975年度以降の大学授業料の推移を見たものです。国立・私立大学ともに授業料が大きく上昇したことがわかります。最近のデータでは、国立大学の授業料は53万5800円（2014年度、文部科学省令による標準額）、私立大学文系は74万6123円、私立大学理科系は104万8763円（2014年度、文部科学省「私立大学入学者に係る初年度学生納付金平均額（定員1人当たり）の調査結果について」昼間部の平均額）に達しています。1970年代以降に、大学授業料が値上げされていったのは、値上げに反対する自治会活動が弱くなったことに加えて、高等教育の利益は本人にあるのだから、その費用を本人が負担すべきだという受益者負担の論理が力を増すようになったからです。1973年に石油ショックはあったものの経済成長と日本の経済大国化が進み、世帯年収が増加し続けたこと、また1990年前後までは大学卒業後の就職が好調であったことなどが、受益者負担の論理を受け入れやすくしました。

授業料の値上げは二つの変化をもたらしました。一つは大学進学に多額の費用負担が必要になったことによって、「それだけの費用をかけるのだから」という理由で、大学進学時に卒業後の就職をそれまで以上に強く意識するようになったということです。学校を選ぶうえでも、「何を学ぶのか」より「就職に有利か不利か」が重要な基準となりました。

もう一つは、学生が自分で負担することがほぼ不可能なほど授業料が上昇したことで、授業料や学費の支払いが家計の問題となりました。多くの親は、子どもの学費を支払うため貯金したり、出産そのものを控えるなどの対策を講じるようになりました。このことにより当人の授業料への関心は低くなりました。また、良かれ悪しかれ大学に進学するか否か、どの大学・学部を選ぶか、などに親が関与・介入する度合いが高まりました。

それから、特に1970年代以降はコンビニエンスストアやファーストフード店、塾産業の拡大などで、都市部を中心に学生アルバイトの需要が増加しました。このことは仕送りの不足を補う役割を果たすと同時に、多くの学生に豊かな消費生活をもたらしました。親に学費・生活費を支えてもらえば、アルバイトで稼いだお金は趣味やサークルなどに存分に使う

図9　大学授業料の推移

資料：文部科学省調査より作成

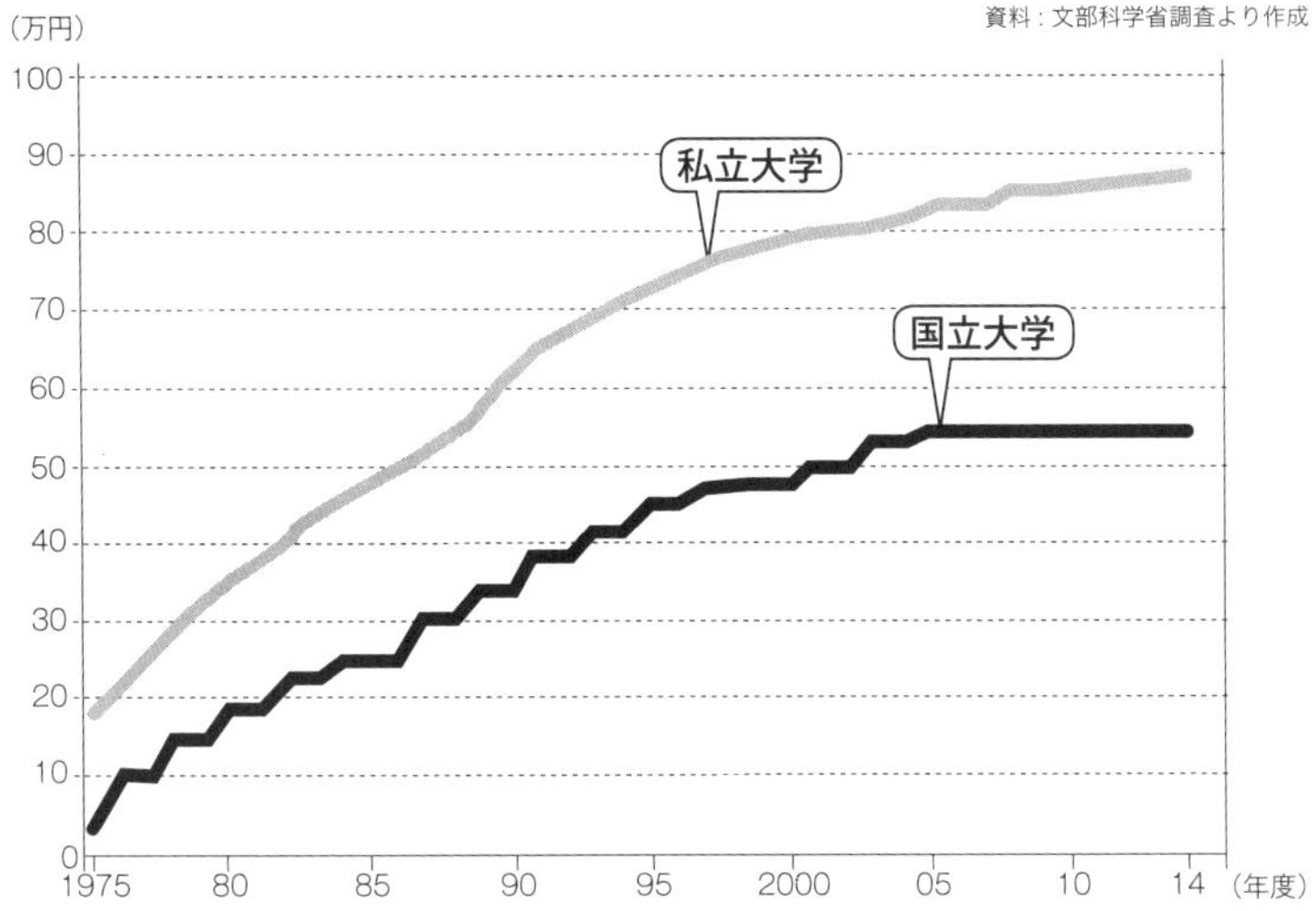

年度は入学年度。国立大学の 2002 年度以降は標準額。私立大学の額は平均。

図10　新卒求人数の推移

資料：高卒求人数は厚生労働省「高卒・中学新卒者の求人・求職状況」、大卒求人数はリクルートワークス研究所「大卒求人倍率調査」（それぞれ各年３月卒）より作成

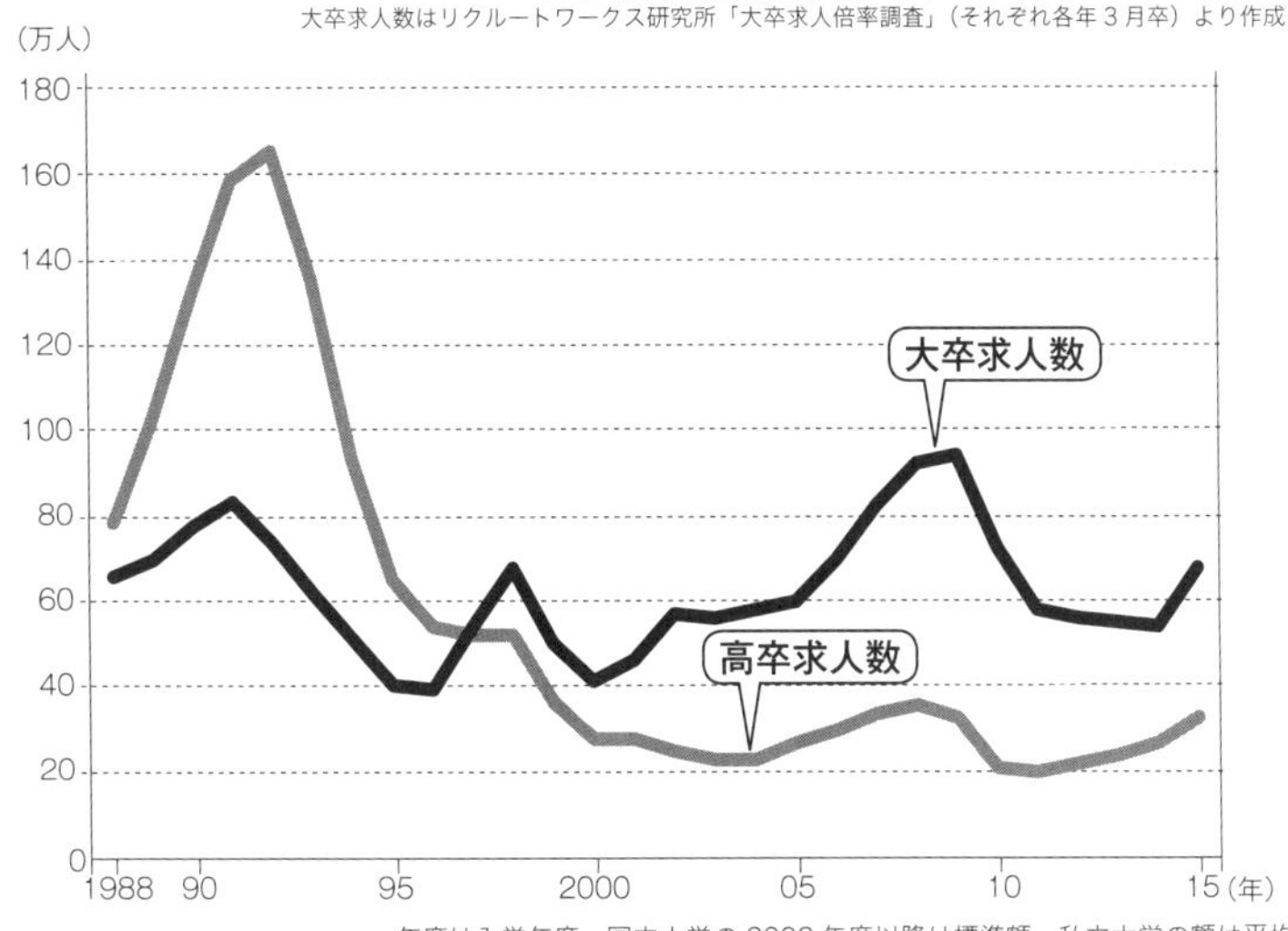

年度は入学年度。国立大学の 2002 年度以降は標準額。私立大学の額は平均。

ことができます。1980年代以降、大学生の間で海外旅行やスキー、サーフィンなどの趣味やサークル活動が盛んになり、大学は「レジャーランド」と呼ばれるようになりました。授業料上昇に加えて、1970年代以降において文化の商品化や市場化が大きく進みました。このことが大学生の意識や行動様式に、大きな影響を与えることになります。

アルバイトしてでも大学進学を選ぶワケ

1990年代前半にバブル経済がはじけると、大卒者の就職がとても困難になりました。大学生の就職難の始まりは、大学のレジャーランド化が終わったことを意味します。それはそうでしょう。将来の就職が容易であったからこそ安心して遊べたわけで、卒業後に生活の不安がつきまとっているようでは遊んでいてもあまり楽しくありません。

大卒者の就職難が広がる一方、大学への進学率は低くならず、むしろ上がりました。なぜかというと高卒者の就職がそれ以上に難しくなったからです。73ページの図10では、1990年代前半まで増えていた高卒求人数が、後半にかけて一気に減少しています。2000年代に入ってからも、元に戻る気配はまったくありません。1992年3月に167万3000件だった高卒求人数は、2010年3月には19万9000件へと、約88%

も減少しています。その後やや回復しているものの、この減り方は、景気の良し悪しといったレベルではありません。高卒就職が構造的になくなったことを意味します。

高卒者の求人数がこれだけ減ったのですから、大学進学者が増加したことにも納得がいきます。「目的を持たずに大学に行く若者が増えた」とか「学びたいこともないのに大学に行っても意味がない」という意見をよく耳にしますが、私は現状を踏まえていない乱暴な議論だと思います。「高卒での就職が難しい」という明白な現実がある以上、大学進学希望者が増えるのは当然です。目的意識や学ぶ意欲が十分にあったほうが望ましいことは事実ですが、それがやや不足していることを理由に、進学する若者を責めるのは酷だと思います。

バブル経済崩壊以降、大学進学は「よりよい進路や就職先を確保するため」というよりは、「とにかく就職先を確保するため」や「正社員となるため」という意味をより強く帯びるようになりました。就職のための大学進学という位置づけは、それまで以上に強固となったと言えます。

もはや親元からの学費援助には頼れない

1990年代後半に入ると、日本経済の苦境は高校・大学の新卒者だけでなく、すでに労働市場に入っていた中高年労働者にもおよぶようになりました。それまで上がり続けていた労働者の平均賃金や平均世帯年収が、減少し始めます。

図11を見ると、民間企業労働者の平均年収も1世帯あたりの平均所得も、1990年代後半から下がり続けていることがわかります。民間企業労働者の平均年収は1997年の467万円をピークとして、低下を続けています。2013年には民間企業労働者の平均年収は414万円であり、ピーク時より50万円以上も低くなっています。

1世帯あたりの平均所得金額の推移を見てみると、ここでも1994年の664万円をピークとして、1990年代半ばから後半にかけて高い数値となっています。しかし終盤から下がり始め、2013年には529万円にまで低下しました。ピーク時よりも130万円以上も下がっています。

非正規雇用の増加や、年功序列型の賃金制度が維持できなくなったことによって、日本型雇用は解体へと向かっています。一方で、大学の授業料は下がるどころか、この時期も上昇を続けています。労働者の平均年収や1世帯あたりの平均所得が減少したことは、高い授業料でも子どもの大学進学を可能としてきた、教育費の親負担主義の限界や、破綻を意味しています。

図11 労働者年数・世帯所得の推移

資料：1世帯あたりの平均所得は厚生労働省「国民生活基礎調査」、民間企業労働者平均年収は国税庁「民間給与実態統計調査」より作成

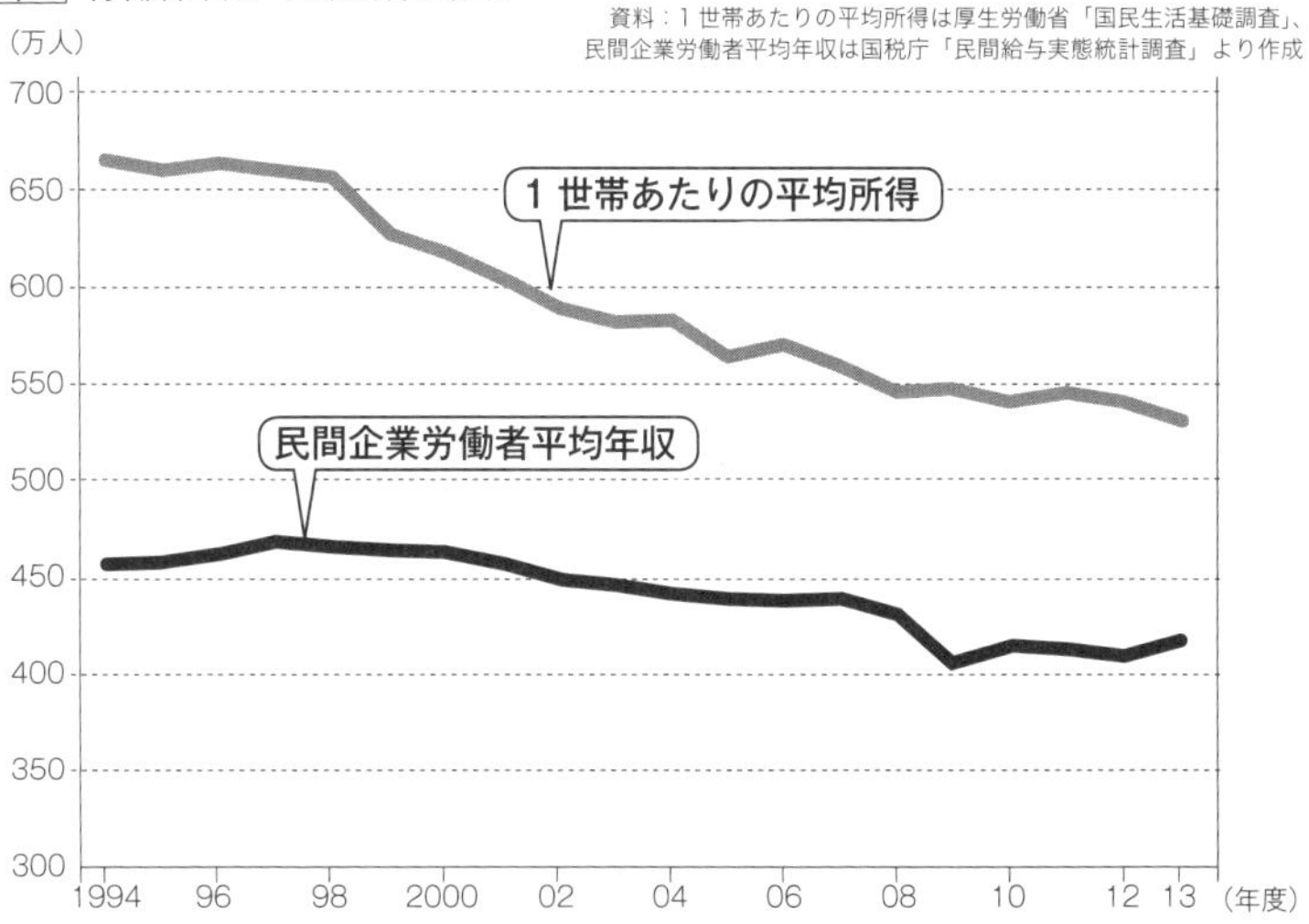

図12 奨学金利用者率の推移（大学生・昼間部）

資料：独立行政法人 日本学生支援機構「学生生活調査結果」（各年度）より作成

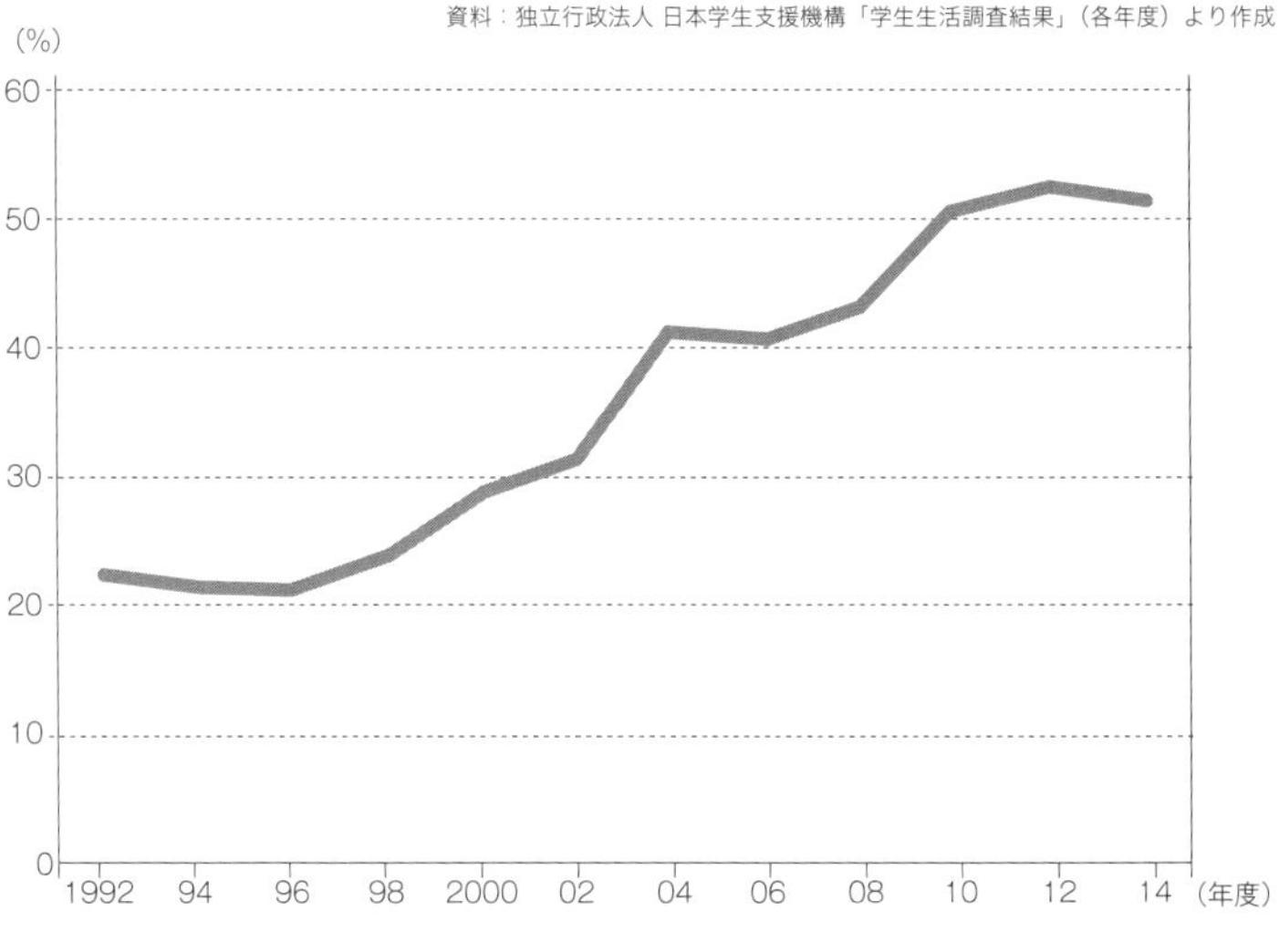

「きぼう21プラン」という名前の甘い罠

大学の授業料が上昇し、それに対して主に学費を捻出してきた親世代の所得減にもかかわらず、1990年代半ば以降も大学進学率は上昇しました。それを可能にした一つの理由が、奨学金利用の増加です。

1990年代後半以降、奨学金利用者は急増しました。77ページの図12を見ると1996年度までは2割をやや上回る比率で、安定あるいはやや微減の状態にありました。それが1998年度には23・9%、2000年度には28・7%にまで上昇します。そこから比率は急上昇し、2004年度には4割を突破、2010年度以降は全体の半数以上となっています。1990年代後半の平均年収や平均世帯所得の減少と奨学金利用率の増加が、ピッタリと重なっていることがわかります。

ここには奨学金制度の変化も関係しました。日本学生支援機構の前身である日本育英会の奨学金は、1984年に有利子奨学金が創設されるまではすべて無利子でした。1984年の創設当初に大学、および短大の在学生のみを対象としていた有利子貸与制度は、1994年から大学院、1996年から専修学校専門課程へと広げられていきました。

有利子貸与奨学金の増加に拍車をかけたのが、1999年4月に創設された「きぼう21プラン」という名称の第2種奨学金でした。ここで有利子貸与奨学金の採用基準が緩和されるとともに、貸与人数の大幅な拡大が図られました。財政投融資から日本育英会への支出は、1998年の498億円から1999年の1262億円へと1年間で約2・5倍に増加しました。そして、2003年には有利子貸与が無利子貸与の貸与人数を上回りました。

2000年代に入ると日本育英会の組織改編問題が浮上し、2004年に日本学生支援機構への組織改編が行われました。独立行政法人である日本学生支援機構は、奨学金制度を金融事業と位置づけ、その中身をさらに変えていきました。

2007年度以降は、民間資金の導入も始まりました。この過程で1998〜2013年度の16年間に、有利子の貸与人員は9・3倍、事業費は14倍にも膨れ上がりました。無利子の貸与人員は約1・1倍、事業費は約1・5倍ですから、この間に奨学金制度の中心は無利子から有利子へと移行したことになります（81ページ図13・14）。

1990年代後半〜2010年代にかけて、奨学金利用者は急激に増加しました。また大学生の奨学金の約8割を占める日本学生支援機構の奨学金は、無利子中心から有利子中心のものへと移行し、奨学金を借りた学生の多くは、卒業後に借りた以上のお金を返さなくてはならなくなりました。奨学金利用者の増加は、1990年代後半以降の大学進学率の増加を支えました。大学学費の親負担主義が困難となった状況で、奨学金利用がその不足を補ったという面があったと言えます。

しかし、奨学金の利用が学費の親負担主義を完全に補うことができたかというと、そうは言えないでしょう。まず額として、奨学金は親からの給付を完全には補っていません。47ページの図5をもう一度見てください。家庭からの給付の減少を奨学金の増加分では補えていないことがわかります。つまり、奨学金をこれだけ利用するようになっても、学生の経済状況は悪化しているのです。この状況では奨学金を利用しても、学生は経済的理由でアルバイトを辞めるわけにはいきません。

奨学金を利用することで大学進学は可能になりますが、卒業後にはそれを返済しなくてはなりません。しかも利子がつくとなれば、その利用を迷う人が出てきます。卒業後の返済を心配して利用する額を抑えたり、利用そのものをあきらめる人もいます。そうすれば卒業後に返済困難に陥る危険こそ少なくなりますが、在学中が大変です。親からの援助が十分でなければ、自活のためにより多くのアルバイトをせざるを得なくなります。

また奨学金を多額に借りた学生の間でも、就職がこれだけ困難となっているのですから返済を心配する人が出てきます。卒業後の返済額を少しでも減らそうとして、在学中にアルバイトでお金を貯めようとする学生が現れます。ということは、奨学金を利用しない、あるいはあまり利用しない学生はアルバイトをし、また多額の奨学金を利用している学生もアルバ

図13 奨学金貸与人数の推移

資料：日本学生支援機構調査より作成

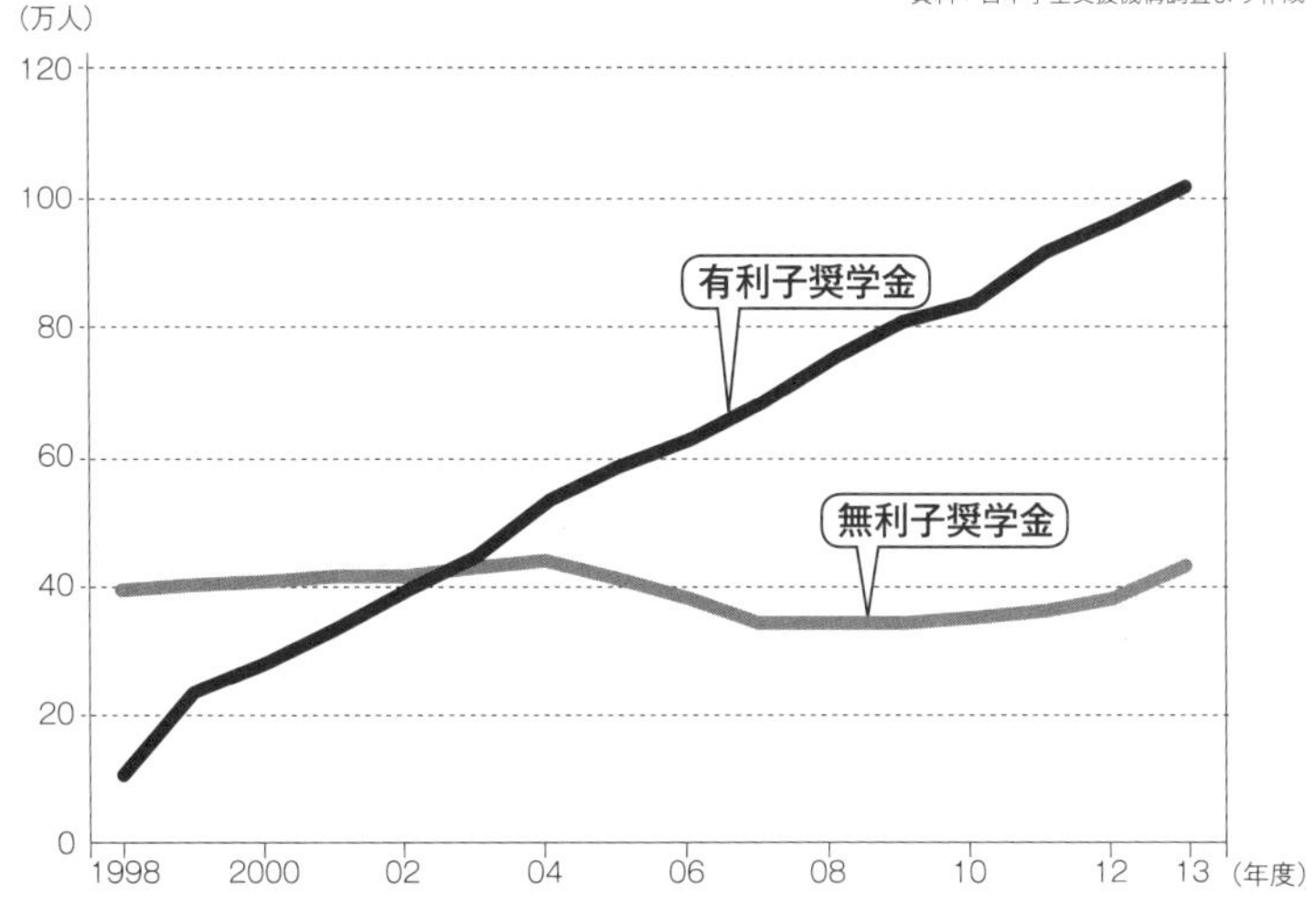

図14 奨学金事業費の推移

資料：日本学生支援機構調査より作成

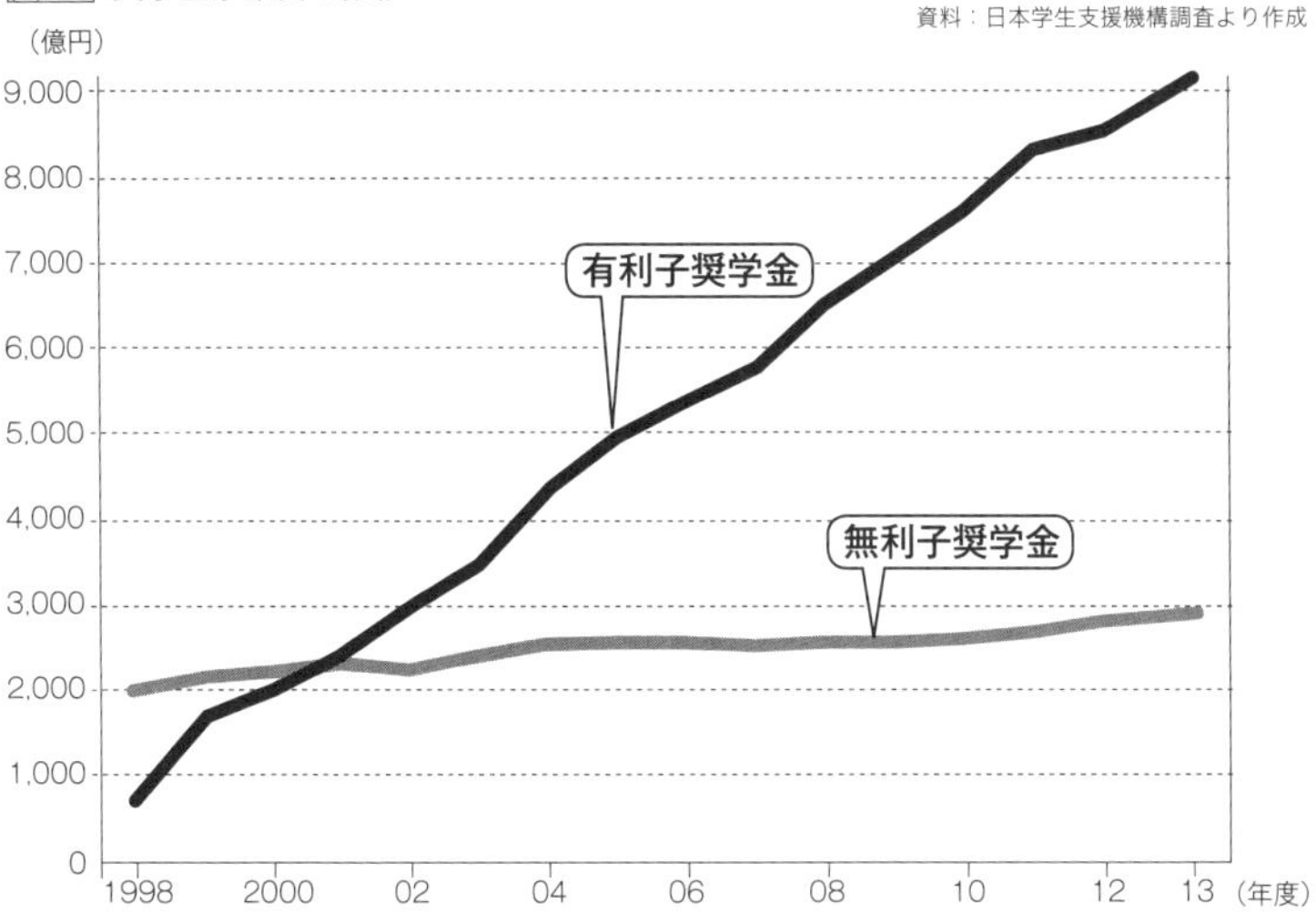

イトをせざるを得なくなることになります。このことは貸与中心の奨学金制度が、学生のアルバイトを抑制する力をあまり持たず、学業への取り組みを支えるのに不十分であることを意味します。

中高年の世代からは、「アルバイトばかりして、勉強しない学生に奨学金を利用する資格はない」「奨学金を借りてまで大学に行ったのに、なぜ勉強しないんだ」という意見をよく耳にしますが、学生の現状を見ると、その意見は的を外しています。貸与型中心の奨学金制度が、学生の学業を支える役割を十分には果たせていないために、学生のアルバイト漬け生活を促進している面があることを見なくてはいけません。

親が子に勉強より「稼ぎ＝アルバイト」を期待

学生たちの多くが、ブラックバイトに苦しんでいます。ブラックバイトがこれだけ広がってしまった背景には、奨学金制度の問題性に加えて、学生本人が勉強することよりも「稼ぎ＝アルバイト」を期待されているということも大きな理由としてあるでしょう。

１９８０年代～１９９０年代前半にかけては経済的に豊かであったこともあって、授業料以外の日常の生活費も含めて、大学生の子どもを支える親が少なからず存在していました。

私よりも若い40歳前後の男性からも、「私は地元の愛知県ではなく東京の私立大学に行ったが、在学中にアルバイトはまったくしなかった。親から十分に仕送りがあったから」という話を聞いたことがあります。現在ではそんな学生を見つけることは極めて困難です。彼は私のブラックバイトの話にとても驚いていました。

1990年代後半からの平均年収や平均世帯所得の減少は、親の教育費負担の困難を拡大しています。経済的に厳しい親の中には、授業料さえ払うことができず奨学金を利用したり、子どもに在学中のアルバイト収入でそれを補うよう望むケースが増えています。最も多いタイプは、子どもの大学授業料は何とか払えても、それ以外の費用までを支払うことは困難だという親です。

これは44ページでも書きましたが、仕送り額0円や5万円未満の一人暮らし学生の増加は、授業料以外の費用の支払いが困難な親が増えていることをよく表しています。授業料負担そのものが困難であったり、授業料以外は子ども自身に負担してほしいと願っている親たちは、主観的にはどうあれ、事実上、自分の子どもに勉強よりもアルバイトすることを望んでいると言ってよいでしょう。大学生の多くは在学中4年間にわたって、勉強以上に長時間働くことを事実上義務づけられているのですから。

でも、それは言い過ぎだという反論もあるでしょう。親たちだって子どもに稼ぐだけでなく、大学で勉強することも期待している、という考えの方もいるかも知れません。そうだとすれば、現在のブラックバイトについての認識のなさに問題があります。

かつての学生生活と両立できるアルバイトであれば、確かに学業との両立は比較的容易でしょう。しかし、現在広がっているブラックバイトは学生生活と両立しませんから、「稼ぐ＝アルバイト」が勉強することを不可能にする危険性が極めて高いと思います。親たちが自分たちの経験から、子どもたちの現在のアルバイトを予想すると、大きな間違いを犯すことになります。

全体的な貧困化は進んでいますが、中には一定程度の経済的余裕がある家庭も存在します。しかし学生の様子を見ていると、その親たちも子どものアルバイトを減らすために、経済的支援を増やそうとはなかなか思わないようです。

現在の学生の親たちは、１９８０年代半ば〜１９９０年前後に、高校生活や大学生活を送っています。日本型雇用が大枠として維持されていた時期に学生生活を過ごしています。一定の名が通った「大学」に受かり、卒業さえすれば就職が決まった経験をした世代です。子どもの受験には必死でも、その後の勉強の必要性までにはあまり思いが至らないでしょう。

１９９０年代前半のバブル崩壊以後、大卒者の就職はとても厳しいものになりました。しかし就職が困難となっても、学生自身と親の「勉強」への動機づけを強めることにはなかなかつながりません。

就職が困難となって以降も、新規学卒一括採用の方式には変化はありません。ということは、仕事の専門能力よりも、学校歴が問われる傾向は続いています。また、就職試験において大学レベルの知識内容や成績が問われることは、現在でもあまりありません。それよりもコミュニケーション能力や、対人関係能力が面接で問われる傾向があります。アルバイトでそうした能力を身につけておいたほうがいい、と学生や親が考えてしまうのもそれなりの理由があります。

高等教育研究者で教育経済学を専門とする矢野眞和氏は、大学時代の学習と卒業して社会人になってからの所得や仕事の満足度との関係を分析しました（独立行政法人労働政策研究・研修機構『日本労働研究雑誌』２００９年7月号「教育と労働と社会」）。それによれば、在学中の学習が卒業時の知識・能力を支え、それが卒業後の学習を支えること、そして卒業後の学習継続が所得や知識の満足度を高くするという関係が明らかです。

現代は知識を基盤とする情報化社会です。知識が重要となる仕事は増加していますから、矢野氏の分析は説得力があります。知識が豊富な若者が増えるか否かに、今後の日本経済の将来もかかっていると私も思います。

しかし、この分析結果がなかなか社会的には共有されません。卒業時の就職には熱心でも、卒業後につながる実力をつけるために、大学在学中の学習が重要だという認識を持つことは困難です。そこまで見通して、子どもに「バイトをせずに勉強しなさい」という親はなかなかいないでしょう。多少余裕があっても「自分の小遣いぐらいは自分で何とかしてよ」と考える親が多数派だと思います。

これらを考えると、親が子に勉強より「稼ぎ＝アルバイト」を期待するという傾向は強く存在しています。大学生に対する親の影響力は、かつてよりもとても強くなっていますから、このことは重大です。これではブラックバイトはなかなか減らないでしょう。学生へのインタビューで印象的な言葉を二つ紹介します。

「たまに親が電話をしてきた時、私に聞くのは『アルバイトはちゃんとやっているか？』ばかりです。仕送りは月3万円ですから、バイトしなければ生活できないのに。勉強のことなんて聞かれたことがありません」（下宿して地方の大学に通うAさん）

「親は子どもに、大学で勉強することを期待していないと思います。大内先生にはぜひ学生全員に、大学生になってから親に『勉強しなさい』と言われたことがあるかどうか調べてほしいです。私は大学に入ってから、親に『勉強しなさい』と言われたことは一度もありません」（自宅から地元の大学に通うB君）

レジャーランドからワーキングプアランドへ

日本型雇用の解体、奨学金制度の不備、勉強より「稼ぎ＝アルバイト」を期待される状況の中で、学生にとってのアルバイトの位置づけは大きく変わりました。1980〜1990年代にかけては、学生アルバイトの目的は主として、サークルやレジャーなど「自分で自由に使えるお金」を稼ぐためのものでした。それは、授業料を始めとする学費や生活費の、かなりの部分が親からの援助で支えられていることを前提としていました。

この状況であれば学生は、アルバイトをやるかやらないか、週に何日アルバイトを入れるか、などを自分の意志でコントロールできます。旅行をしたくなればアルバイトの量を増やしたり、また自分の時間を増やしたいと思えば、アルバイトを一時的に辞めることも可能です。しかし親の経済力の低下は、アルバイトの位置づけを徐々に変えていきました。1980〜1990年代にかけては、旅行やサークル費用など「自分で自由に使えるお金」を稼ぐためにアルバイトをしていたのが、大学の教科書代、通信費、交通費など、「大学生活を送るのに必要なお金」を稼ぐためへと移行しています。

私の経験と比較して最も目立つ変化は、自動車免許取得の費用です。私が高校を卒業したのは1980年代半ばです。私の高校の同級生のほとんどは、高校3年生の春休みに自動車免許を取得していました。私の周囲では、高校生の時にアルバイトをしていた人はほとんどいませんでしたから、その費用は親が出していたと予想されます。

私の接している学生では、大学1年生でアルバイトをする大きな理由の一つは自動車免許取得の費用を稼ぐためです。そのために1年生の春学期にアルバイトを入れ過ぎてしまって、単位を多く落としてしまった学生を何人も知っています。また、自動車免許取得の費用を貯金することができないため、大学3年生や4年生半ばになってなお、免許を取りたくても取れない学生は大勢います。

もう一つの目立つ変化は、就職のための費用、特に交通費です。私が大学を卒業したのは1990年前後です。その頃、就職のためにスーツ購入などの費用はかかりましたが、交通費の必要性はほとんどありませんでした。なぜなら就職の説明会や面接のための交通費は、企業が負担していたからです。しかし現在は多くの企業が、説明会や面接のための交通費は支払いません。そのため、学生側がその費用を負担するようになっています。私のゼミの学生に聞いたところ、彼は「東京や大阪への説明会や、面接の交通費のために40万円をバイトで貯めた」と言っていました。

自動車免許取得の費用は「大学生活を送るのに必要なお金」ではない、と反論される方もいるかも知れません。しかし卒業後の仕事に必要な場合もありますから、純粋に遊びのためだけの費用とは言えないでしょう。そして、就職のための交通費のほうは、まったく遊びとは関係がありません。就職を大切な目標として大学に通っている学生にとって、極めて重要な費用です。

少し想像してみてください。かなりの数の学生が、学生生活に必要な費用（教科書代、交通費、通信費）を稼ぐためにアルバイトをしています。そこに自動車免許取得の費用と就職のための交通費も貯めなければならないとしたら、彼らはどんな生活をしなければならないでしょうか。仮に自動車免許取得にかかる費用を30万円、就職のための交通費を40万円としてみましょう。その学生は日頃の生活費に加えて、４年間で70万円を貯めなければならないことになります。

２０１５年、30代の２人以上の世帯の中で、「貯蓄がない」と答えた世帯の割合は27・8%に達しました（金融広報中央委員会「家計の金融行動に関する世論調査」）。30代の社会人でも貯金のない世帯が３割近くも存在する時代に、学生が日常の生活費を稼ぎながら70万円を貯めるということは、相当困難だというのは予想がつくと思います。この状況で、学生アルバイトの位置づけは大きく変わりました。「ブラックバイトのようなひどいアルバイトなら辞めればいい」と言われても、辞めるのは容易ではありません。

過酷なアルバイトは、かつても存在していたでしょう。しかし「いざとなったらいつでも辞められる」と思って働いているのと、「辞めたら学生生活が続かない」というプレッシャーの下で働いているのとでは、気持ちのうえでまったく違います。このことは、ブラックバイトの広がりに大きな影響を与えました。雇用主の側は、学生に過酷な労働を強いても「気軽には辞めない」ということを、経験的に知っています。だからこそ、低賃金であるにもかかわらず、きついノルマやシフトなどを課し、基幹労働を担わせる戦略をとるようになったのです。

現代の多くの学生は、経済的条件から働くことを義務づけられています。アルバイトが「自分の自由に使えるお金」を稼ぐためのものから、「学生生活に必要なお金」を稼ぐものへと移行しました。かつてのアルバイトの主目的はレジャー（余暇）でしたが、現在のブラックバイトをしている学生たちにはレジャー（余暇）はありません。

1980年代に日本の大学は「レジャーランド」と呼ばれていましたが、現在の大学をそう呼ぶのは大きな間違いです。ブラックバイトに追い込まれている学生たちが通う現在の大学を、私は「ワーキングプアランド」と名づけたいと思います。

4章

なぜ学生たちは進んで劣悪な職場にはまり込むのか

本章のポイント

【ポイント ①】

2014年の「学生アルバイト全国調査」で、高校生の約3割がアルバイト経験を持つことが判明した。このことは、ブラックバイトに引き込むためのマインドコントロールが、より社会経験の浅い高校生にもおよんでいる可能性を示唆している。

【ポイント ②】

「自分で稼がなければ大学に通えない」という学生にとって、大学入学時にアルバイトを探す「バイ活」は必要不可欠である。しかし雇用側は買い手市場の中で自分たちに都合のいい学生のみ採用するため、ブラックバイトでも我慢してしまう風潮が学生たちに蔓延している。

【ポイント ③】

アルバイトを雇う企業は、学生の職場への「組み込み」を強化している。運動部経験者を集めて規範的な職場を築かせる、コミュニティー形成をあおって抜けにくくする、生真面目な学生を「バイトリーダー」「時間帯責任者」に任命して支配する、などの手口がある。

大学入学以前から働いている状況の広がり

なぜ学生たちが進んでブラックバイトにはまり込むのか、というテーマの考察には、入職時点からの経過を丁寧に分析する必要があります。そのためには、まず大学入学以前に働いている状況が広がっている、という点に注意する必要があります。

95ページの図15は、２００８年12月にＮＰＯ法人さいたまユースサポートネット（青砥恭《やすし》代表）が、埼玉県立高校に在学する3年生１２００人にアルバイト体験の有無をたずねた調査結果です。県立高校50校をＧ１（進学校）〜Ｇ５（困難校）まで5分類しています。これを見るとＧ１の進学校を除く高校3年生の7割以上が、アルバイトを体験していることがわかります。消費社会化が進み、親の経済的困窮が深刻化する中で、高校生のアルバイトが広がっています。

ある高校の先生から、「大学や専門学校の入学金を親が用意することができず、せっかく合格しても入学できないことがある。そうならないようバイトでお金を貯めておけよ、と生徒にアドバイスするしかない」という話を聞いたことがあります。大学・専門学校の入学金の高さや親の貧困化が、高校生のアルバイトを促進している面があるのでしょう。ただし、先ほどの数字は埼玉県のものです。高校生のアルバイト率は、サービス産業が盛んな都心部で高いというデータが出ていますから、これは全国の平均を示す数字ではありません。

図16は、２０１４年に実施した「学生アルバイト全国調査」の結果を示したものです。ここでは約3割が「高校時代にアルバイト経験あり」と答えています。この調査は関東だけでなく九州や中部、東北地方などにもおよんでいるので、こちらのほうが全国の状況を反映している可能性が高いでしょう。高校生のアルバイトは地域や学校によって禁止や原則禁止とされていることがあるので、なかなか実態はわかりづらいのですが、一定の高校生がアルバイトをしていることは明らかです。

ここで、大きな課題が見えてきます。若者が高校生の頃からアルバイトをしているということは、大学に入る以前から「ブラックバイトに入り込んでいる可能性がある」ということです。高校生は大学生よりも年齢が若く、社会経験も不足しています。その高校生が職場の過剰な「組み込み」の影響をより受けやすいことは、容易に予想されます。また、高校生のアルバイトは禁止あるいは許可制など、さまざまな規制がかけられている場合が多いです。そのことは、過剰なアルバイトから高校生を保護している側面があると同時に、学校の生活指導の外として扱われてしまう可能性が高い、ということを意味します。

高校生がアルバイト先でひどい目にあったり、劣悪な処遇に直面しても学校に相談することは困難な場合が多いでしょう。またアルバイトが禁止であれば、学校側が生徒に基本的な

図15 公立高校生のアルバイトの体験

資料：青砥恭、さいたまユースサポートネット『若者の貧困・居場所・セカンドチャンス』（2015年、太郎次郎社エディタス）より作成

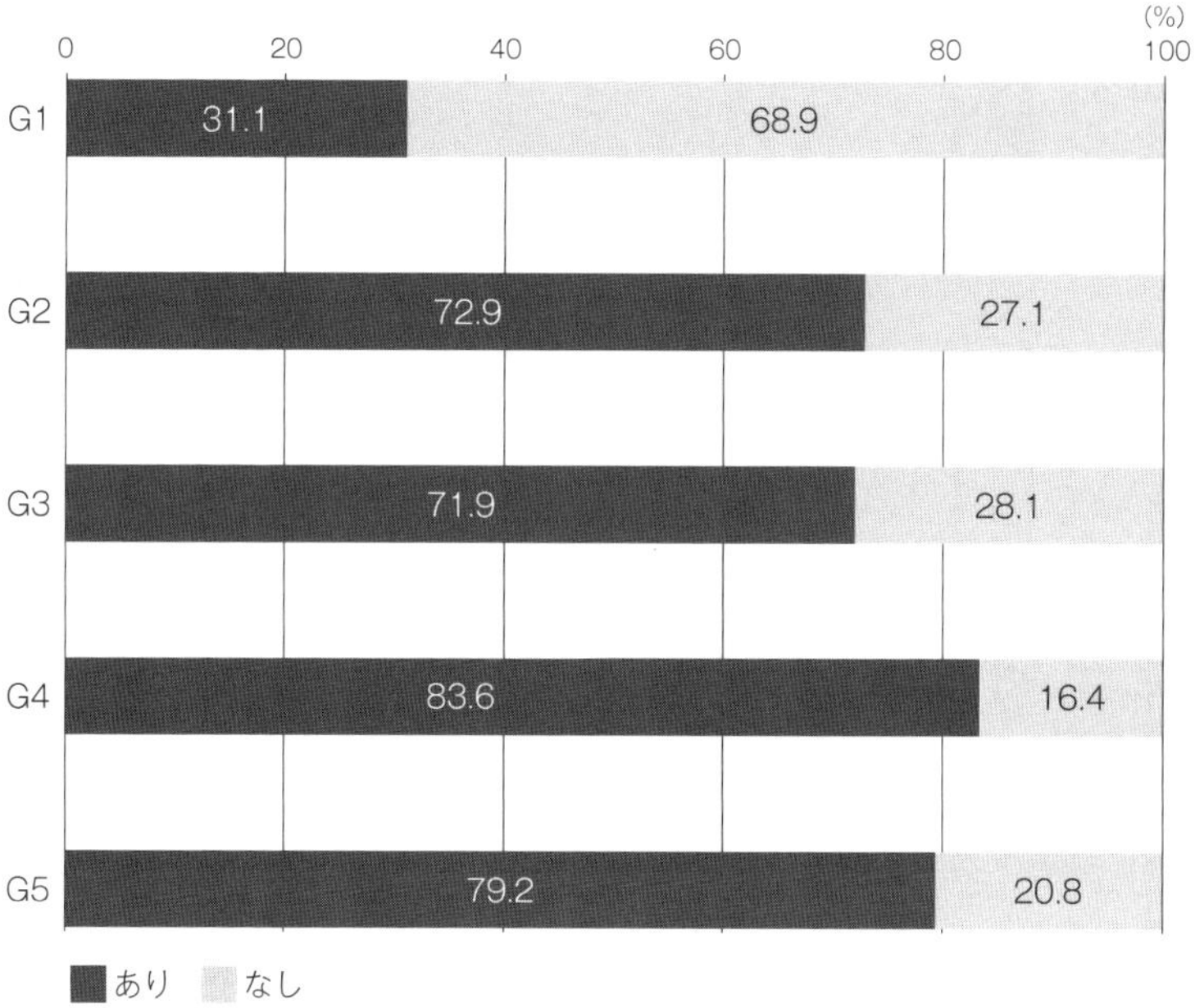

図16 高校時代のアルバイト経験

資料：ブラック企業対策プロジェクト「学生アルバイト全国調査結果（全体版）」より作成

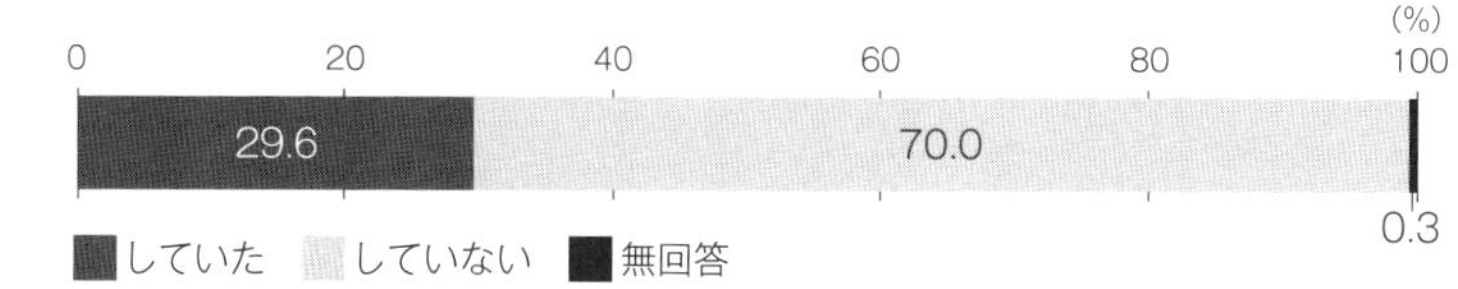

労働法教育を行う必要性もあまり感じていない、ということも予想されます。

近年、ブラックバイトが大きな話題となり、この問題を専門とする「ブラックバイト対策弁護団あいち」（事務局・名古屋第一法律事務所）には、多くの高校からブラックバイトや労働法教育について出前授業の依頼が来るようになっています。しかし、こうした試みはまだ始まったばかりで、労働法をまったく知らずに無防備な状態でアルバイトをしている高校生が、大勢いるのではないかと危惧されます。ということは、高校生の時点で「学生であることを尊重しない」ブラックバイトにはまってしまう人が一定数いることはほぼ間違いないでしょう。最初に出合ったのが「ブラックバイト」だと、それが当たり前だと思って、その働き方をその後も続けてしまう危険性があります。

本書では大学生のアルバイトを中心に考察を行っていますが、高校生の時からアルバイトについて何らかの対策を打つことが必要ですし、大学においてはすでにブラックバイトに洗脳された状態から「いかに離脱させるか」という課題も必要となっていると考えます。

アルバイト応募での「バイ活」問題とは？

ここでは大学入学前後をアルバイトの入職時点として設定します。高校生のアルバイトも確かに増加していますが、２０１６年現在、最も多いのは大学進学にともなって始めるパターンでしょう。そこで最初に浮上するのはバイ活問題です。「バイ活」とは、アルバイトの就職活動のことを意味します。この言葉は、元朝日新聞の記者で現在はジャーナリストの竹信三恵子氏からうかがいました。

学生にとってバイ活は、必要不可欠なものとなってきています。私の周囲にも「10か所以上のバイト採用に落ちた」なんていう学生は大勢います。今まで最も多かったのは、50か所近く落ちた学生でした。40代以上の方にそのことを伝えると、たいていは「信じられない」と言われます。「バイトなんていくらでもある」とも言われます。また、「その学生によっぽど問題があるんじゃないの？」とか、「その学生が選り好みしているんじゃないの？」と思われる方もいるかも知れません。

しかし、そうではありません。アルバイト採用に落ちる学生は多いのです。特に大学入学時には数多く発生します。なぜかというと、アルバイト先の要求と学生の要求が合わないからです。採用に落ちて、バイ活に励まなければならない学生の特徴は、授業や実験、サークルなど学生生活を大事にしようとしていることです。理系など、授業の出席要件が厳しい学部の学生にとりわけ多く見られます。例えば「水曜日の夕方は必修の実験があるので、アルバイトに出られません」「大事な講義が水曜日の午前にあるので、火曜日の夜はアルバイトに出られません」「土曜日はサークルがあるのでアルバイトに出られません」などと言うと、「それならお断り」となってしまうのです。特に1年生時は必修を含め、取らなければならない単位が多くなる傾向があります。授業やサークルを大事にする学生は、その時間やその準備の時間には「アルバイトを入れないようにしよう」と考えるので、その条件を伝えます。すると先方から断られてしまうのです。

このことは、ブラックバイトの特徴をよく示しています。雇用主側の企業の多くが、学生を基幹労働力としてできる限り自らの都合通り働かせたいと考えています。職場で人が足りない時に、学生アルバイトにそこを担ってもらうことが重要です。学生生活を優先する学生よりも、アルバイト先を優先する学生を欲しがっているのです。

アルバイトと学生生活を両立させようとすると採用に通りにくいということは、逆に言うと採用されるためには学生生活を犠牲にしなければならない、ということになります。実際、授業やサークルなどとの関係をあまり考慮せず、条件を雇用主側に合わせる学生は比較的容易にアルバイト採用に通ります。しかしそれは、とても大きな問題をもたらします。すでに述べたように、多くの学生の働く理由が、「自由に使えるお金」から「生活に必要なお金」を稼ぐためへと移行しています。生活に必要なお金を稼ぐ必要のある学生は、学生生活を考慮した条件を提示することで採用を断られると、すぐに困窮してしまうからです。

学生生活が続けられなければ困りますから、経済的に厳しい学生はバイ活を続け、もしそれでも条件の合うアルバイトが見つからなければ、学生生活を犠牲にしてでも採用条件に合わせて収入を確保しなければなりません。バイ活現象は、ブラックバイトの登場による、アルバイト先企業と学生との力関係の変化をとてもよく示しています。

また、厳しいバイ活経験は、ブラックバイトを支えることにつながります。10か所以上の採用に落ちて、厳しいバイ活を経験した学生と話したことがあります。その学生が過酷なブラックバイトに苦しんでいて、あまりにもひどい状況でしたから「他のアルバイトを探したら？」と提案しました。するとその学生は、「次のバイトを探すのが大変だから、今のところで我慢する」と答えたのです。

「アルバイト先が嫌なら辞めればいい」という意見は、ここでも通用しません。バイ活を経験した学生たちの多くは、次のアルバイトを探すよりも、現在の職場で耐えたほうがマシと考えるからです。

ブラックバイトとブラック部活との関連性

バイ活現象が広がる中、一体どんな学生がアルバイト採用に通りやすいのかをたずねてみました。学生からの共通した意見は、「体育会系の部活を熱心にやっていた人、特に部長や主将の経験者」とのことでした。

あるファミリーレストランでアルバイトをしている学生によると、その店には元高校野球部キャプテンを始め、運動部の部長経験者が複数、運動部出身者も多数いるそうです。ファミリーレストランの仕事と運動部はあまり関係がないように思ったので、その学生に「どうしてそんなメンバーが集まるの？」とたずねました。すると学生は「面接時に中学・高校の部活経験を聞かれるんです」と言うのです。「そこで『自分は野球部のキャプテンでした』なんて言えば、すぐに採用されます」とのことでした。アパレル店や居酒屋でアルバイトをしている学生からも、同様のことを聞きました。レストランやアパレル業界、そして居酒屋の仕事内容と運動部、特に部長経験者との間には内在的な関係があるとは思えません。どうして彼らが歓迎されるのでしょうか？

ここには、職場の組織原理が関係していると考えます。かつては「一流大学卒で運動部出身の学生が就職に最も有利」と、よく言われていました。基礎学力と職場での対応能力の手がかりとして学校歴があり、組織の一員として生きる協調性と体力のある学生が高い評価を受けるということです。どこまで真実なのかはわかりませんが、企業の強い指揮命令権と長時間労働を特徴とする日本型雇用の慣行とも適合的です。

運動部での部活経験がアルバイトで有利に働くというのは、アルバイトが職場の補助労働から基幹労働に移行したことと関係しています。職場の主要な担い手として、組織の一員としての自覚を強く持ち、責任感のある振る舞いが求められているからです。そこでは全体をまとめられる、統率力を持った労働者も必要となります。部長は部活動で統率力が求められることが多いでしょう。だから歓迎されるのです。学生たちの様子を見たり、話を聞いてみると、アルバイト先で行われていることが部活動ととてもよく類似していることがわかります。居酒屋や飲食店での声の出し方や、先輩から後輩への指導の仕方、ミーティングでの話し合いの仕方など、中学校や高校の部活動でのやり方によく似ています。

ここには、雇用主側企業の戦略があるように思います。これまで正規労働者の補助労働を主として担っていた学生アルバイトを、責任のある基幹労働力として位置づけるというのは大きな変革です。その時に彼らをどのように組織して使っていくのか、というのは重要な課題であったはずです。そこで学生の多くが経験したことがある部活動が、最も有効なモデルとなったのではないでしょうか。

運動部出身者を多く採用することによって、学生アルバイトを組織化し、集団として有効に機能させることが意図されているというのが、私の見方です。

そう考えると、ブラックバイトの学生の悩みも納得がいきます。「先輩に頼まれたから断れません」「辞めたいけど、店長や先輩に辞めるなと言われたので辞められません」など、悩み方まで部活動そっくりです。

もう一つは、「ブラック部活」との関連性です。部活動、特に運動部においてはそれぞれの部内特有のルールがあります。そのルールはたとえ理不尽なものであっても部員は従うことが義務づけられていることが多いのです。

私の知っている学生からも、先輩の命令に従わなかった場合に校庭を何周もランニングさせられるなどの罰ゲームの存在、夏の炎天下で熱中症にかかる部員が複数出るにもかかわらず、毎年、同じ場所で合宿して同じトレーニングを行っていたり、合宿所ではご飯を4杯以上食べることが決まりで、もどしてしまう食の細い子が毎年いるにもかかわらずそのルールを変えない、など多くの実例が耳に入ってきます。これらの状況から、一定数の部活動において、その部活で決まっていることは理不尽であってもそれを我慢するのは当然として、部員全員に強制されていることがわかります。私はこの理不尽なルールを不当であると批判せず、受け入れることが強制されている部活動のことを「ブラック部活」と呼んでいます。このブラック部活の経験者は少なくありません。

彼らは部活動時代に、理不尽さに耐える経験を持っています。ということはアルバイト先で無給残業や無謀な勤務シフト、商品の買い取りを強制される「自爆営業」など、理不尽な扱いを受けても当然と受け止めたり、あるいは仕方のないものとして耐えてしまう可能性が高いでしょう。

ブラックバイト企業がブラック部活経験者を優遇し、またブラック部活経験者がブラックバイトを支えてしまう構造があることを見ることが大切だと思います。

最初から学生を職場へ組み込もうとするバイト先

経済的に厳しくなったとはいえ、授業料や生活のために働かなければならない学生ばかりではありません。中には小遣い稼ぎのためアルバイトを始める学生は現在もいます。またアルバイトしつつも、大学での学業や学生生活を重視したいと考えている学生も数多くいます。ブラックバイトに陥ってしまう原因の一つは、アルバイトを決める最初の時点にあります。アルバイト先がなかなか決まらず、バイ活をしなければならない学生は最初から困難に直面しますが、そうではなく比較的容易に決まった場合も、最初から学生を職場に組み込む作業がなされます。

ファーストフード店で働くことになった学生は最初の面接の段階で、「店が忙しいからゴールデンウィークやクリスマス、年末年始は休めないよ」と言われました。その学生はそれまでアルバイトをした経験がありませんから、他の仕事との比較はできません。「仕事というのはそういうものか」と納得し、その条件に「はい」と答えてアルバイトを開始することになりました。そして、後に大きな問題を引き起こします。この学生はゴールデンウィーク中に行われた、自分が学んでいる専門学科との関係が深いシンポジウムに、アルバイトのため参加することができなかったからです。そのシンポジウムを紹介した私も、とても悔しい思いをしました。普段の講義やゼミでは学べない貴重な内容について学ぶ機会を学生に提供できなかったからです。

また、塾講師のアルバイトに応募した学生は、次のような契約を結ばされています。

「年度末に至らずに自己の都合により退職する場合は、少なくとも30日前までに退職届を提出し、後任者が決定するまでは責任を持って勤務しなければ、甲は乙に対する損害賠償の請求権ほか法的措置をとるものとする」（契約書）

「期間内（1年間）での勤務曜日・回数の変更は認められない。就職活動などによる変更も例外ではない」（勤務規定）

代替の講師が見つからないうちに辞めると損害賠償を請求する、というのは法律的には無効です。また曜日の勤務シフトをいったん決めたら1年間はどんなことがあろうともそれを変更できない、というのも大きな問題があります。しかし、法律の知識があまりないこの学生は、契約書や勤務規定の内容を信じて受け入れてしまいました。

またこの塾では、一度決めた曜日は厳守しなくてはいけません。1年間の契約期間中はシフト調整という慣行が存在せず、曜日を調整しようとしただけで「欠勤」とされてしまいます。この欠勤について、面接時に渡される書類には次のように書かれていました。

「勤務する曜日は、特段の事由（大学の単位に関わる予定、冠婚葬祭）がない限り、私的な理由での欠勤はしないこと　※サークル・部活動・帰省・旅行等などでの欠勤は認めません」
「大学の試験勉強のための欠勤は認めません」

試験勉強や帰省のための欠勤（＝シフト変更）すら認めないという内容です。まさに「学生であることを尊重しないアルバイト」そのものです。しかし、これについても学生は、その条件を当然のように説明する塾側によって「そういうものなのか」と思い、納得させられてしまったのです。この学生ばかりでなく塾アルバイトでは試験勉強のためのシフト変更が認められていないことが多いため、大学での単位を落とす学生がとても多いことを、私は経験的に知っています。

どちらの事例も、働き始める時点で職場への強力な「組み込み」が行われていることがわかります。労働法の知識があまりなく、社会経験の少ない学生が、これを拒絶することは容易ではありません。面接段階等、アルバイトとして選ばれるかどうかが決まってない時点では、「選ばれたい」という気持ちがありますから、受け入れてしまう可能性が極めて高いと思います。

長時間労働と過剰なシフト設定

学生アルバイトが働き始めると、職場への過剰な組み込みが、さまざまな戦略を用いて行われます。まずは長時間労働と、過剰なシフト設定です。コンビニエンスストアでのアルバイトでいきなり12時間連続勤務や、本人が週に2～3日のシフトを希望したのに、1か月間で20日以上の勤務を命じるファーストフード店などの実例があります。仕事量だけでなく、その範囲も広くフレキシブルな働き方を強いられます。いきなり他店舗のヘルプ（＝臨時シフト）に行かされたり、勤務シフトの入っていない日に「今日、シフトに入ってもらえないか？」という緊急の呼び出しが入ります。

学生アルバイトの多くが直面するのが、勤務し始めた先の人手不足問題です。正規労働者を減らして非正規雇用への依存を強めていることもあって、学生が働くサービス企業の多くが、人手が足りなかったり、ぎりぎりの人数であることが多いのです。そこで学生の多くが長時間労働や過剰な勤務シフト設定、フレキシブルな働き方を命じられると従ってしまいます。これが職場への組み込みを促進します。

ブラックバイトの問題点を認識されている方は、「何で学生はそんな無茶な要求に応じてしまうんだ？」「無理な要求に従うから悪いんだ」などと考えるかも知れません。しかしそれは学生の多くにとって、やはり困難だと思います。職場側は、前述のような働き方を職場のルールとして当然のように命令してきます。それに抵抗するためには、方法は二つしかありません。

一つは休憩時間の不足や異常な長時間労働、残業代未払いなどについて、それが労働法違反であるということに立脚して抵抗するという方法です。しかし、高校・大学生の多くは労働法を知りません。そのことは、彼ら自身の責任とも言い切れないところがあります。これだけ多くの高校生や大学生がアルバイトをしているにもかかわらず、労働法を学ぶ機会が彼らには保障されていないからです。

第二に、過剰なシフト設定や責任の重い業務、フレキシブルな働かせ方が「学生生活を尊重していない」として、抵抗するという方法です。しかしこれも困難です。今の学生たちは、かつてのような学生生活と両立していたアルバイトを実際には経験したことがありません。職場から「働くとはこういうことだ」とか「責任感がないね」などと言われたら、それに対して「不当だ」と抵抗することは難しいでしょう。

しかも雇用主は彼らに対して学生であることを否定するような言葉を、しばしば投げつけます。学生から話を聞くと「学生は高校生まで」「学生気分は捨てろ！」「社会人としての自覚はないのか！」などです。

直接の言葉としては発せられなくても、学生であることを尊重しない働かせ方が浸透していて、彼ら自身が「学生である」という自覚を持つことは、とても困難な職場が多いのです。私は、学生に対して学生であることを否定するのは、率直に言ってハラスメントであると思います。学生に対するハラスメントが日常的に繰り返されることによって、学生であることを理由に抵抗することは一層困難となります。

学生から労働者へ、学ぶから稼ぐ生活へ

長時間労働と過剰なシフト設定は、なぜ行われるのでしょうか。人手不足という問題はあ

るにせよ、1人で10時間のアルバイトを2人で5時間ずつ担当しても、また1人で週5日のシフトを2人で週2日と週3日で担当しても、時給としては変わりません。しかし学生の話を聞いていると、1人に本人の希望以上の時間やシフトを担当させることが、とても多いのです。ここには、職場側の学生アルバイトへの組み込み戦略があると思います。すなわち長時間労働かつ多くのシフトに入らせることで、学生アルバイトの職場への帰属意識や責任感を高めようとしているのです。

学生アルバイトが長時間労働し、かつ多くのシフトに入るということは、職場にいる時間が長くなるということを意味します。そのことはもう一方で、大学にいる時間がより短くなるということになります。学生という意識よりもアルバイトという意識が強くなり、「学ぶ」中心の生活から「稼ぐ」中心の生活に移行すれば、アルバイト先で働くことにより熱心になります。しかも職場に多くの時間いれば、仕事の習得も早く進み、職場の状況や売り上げについて社員並みに深い認識を持ちやすくなります。長時間働いていれば、自分の働き方が職場の利益と関係している、という自覚も生まれやすくなります。企業の利益追求の論理をより内面化しやすくなるのです。

雇用主の側は、仕事の量や範囲を増加させることに加えて、職場内でのアルバイトの人間関係の構築にも力を入れています。先輩・後輩関係や仲間意識を作るため部活動の組織原理を適用する他にも、アルバイト同士の交流、正社員やパート社員との交流を深める目的で飲み会やレクリエーションなどが企画されることも多々あると聞きます。するとその職場でアルバイトを始めた学生には、先輩・後輩関係に加えて、新しい友人関係や恋人関係なども生まれやすくなります。

アルバイト先企業は稼ぐ場であるだけでなく、交流の場として一種のコミュニティーを形成しています。中にはシフトの入っていない日にまで職場に行く学生がいますから、かなり強固な人間関係が構築されていると言ってよいでしょう。

職場の人間関係を円滑にし、学生アルバイトが働きやすくなるという点では、学生にとって有効な機会です。しかし、こうしたコミュニティー形成が学生の職場への組み込みを強化し、ブラックバイトに拍車をかけている点を見逃してはなりません。正社員との交流を深めることで、学生アルバイトは一層、職場の基幹労働を担う一員としての自覚を強めます。そのことは、より企業の利益追求の論理に自分を適合させる役割を果たします。アルバイトであるにもかかわらず自らノルマを高く設定したり、ノルマに達さない場合に自腹で買い取ってまで店の利益を上げようとする行動に疑問を持たないのは、利益追求の論理に自らを徹底的に適合させているからです。

また職場での人間関係を強固に構築することは、急な呼び出しや勤務シフトの強要を断ったり、アルバイトを辞めづらくなる要因の一つとなっています。自分の都合よりも周囲の人間関係を気にして急な呼び出しやシフトの強要に応じたり、辞めたいのに辞められない学生は大勢います。私の教えている学生の多くが「アルバイト先で人間関係を作ると、ブラックバイトから抜け出せない」とよく言っています。

「バイトリーダー」「時間帯責任者」というやりがい？

職場への組み込みが成功すれば、学生アルバイトは職場の基幹労働力としての役割を十分に発揮するようになります。「授業は休めるけど、バイトは休めない」という言い回しが、学生の間で多く使われているということは、彼らの多くが「学ぶ」中心ではなく「稼ぐ」中心の生活をしていることを、明確に示しています。

職場はさらに、学生アルバイトの活用を進めます。アルバイト中心の職場が増えていく中で、彼らに基幹労働以上の仕事、特に職場の責任を担わせるのです。それが近年、急増している「バイトリーダー」や「時間帯責任者」です。職場によって違いはありますが、学年が上がるにつれて、職場の責任を担う学生が増えてきます。学生アルバイトが責任者になるということは、非正規雇用の基幹化の究極の形態と言ってよいでしょう。

学生アルバイトの中で働き方や能力を認められた人が、3年次あたりで「バイトリーダーにならないか?」とか「時間帯責任者をよろしく」などと声をかけられることが多いそうです。そこには、時給のアップや職場からの高い評価などによって、学生本人のやる気や、やりがいが駆り立てられる側面もあります。

また、学生自身の動機もあります。アルバイト中心の生活を送っている学生ほど、学業やサークル活動などに十分に取り組んだ経験を持っていません。3年生後半の就職活動が近づいてくるにつれて、「自分は大学時代何をやってきたのだろうか?」「就職活動で何をアピールしたらよいだろうか?」と考えることが多くなります。そこでアルバイト先からバイトリーダーや時間帯責任者を頼まれると、「責任のあるアルバイトを経験して、そのことを就職活動でアピールしよう」と考える学生が少なくないのです。

3年生以上になってからアルバイトの職場で責任者を任されるという構造は、学生の大学生活のスケジュールとも見事に嚙み合っています。1~2年生時に順調に単位を得た学生の多くは、3年生のあたりから取らなければならない単位が減ります。1~2年生の時よりも空き時間が増加することが多いのです。アルバイト先から責任者を任されて、シフトや労働時間が増加しても、それに対応することが可能です。ですから大学生活の後半がアルバイトで埋め尽くされている学生が大勢います。

学生アルバイトの中から、バイトリーダーや時間帯責任者が選ばれるということは、アルバイトの中での評価による選抜が機能していることを意味します。確かに職場の論理からすれば、より能力が高かったり、より努力する労働者を責任ある地位につけることは合理的です。しかしブラックバイトは「学生であることを尊重しないアルバイト」ですから、そこで高い評価を得ようとすれば、より自分の学生生活を犠牲にする働き方をしなければならないことになります。

学生アルバイトでありながら、学生であることを失えば失うほど高い評価が職場で得られる、という倒錯した構造が学生の価値観に影響を与えます。アルバイトなのに試験勉強よりもアルバイト先での仕事を重視したり、アルバイトのために授業や補講を欠席する、アルバイトなのに正社員並みかそれ以上に店の売り上げに貢献しようと努力する、などの行動が広がっていきます。

さらに正社員が行っていたシフトの管理の仕事を、アルバイトが自ら積極的に担ったりもします。アルバイト学生が自主的に仲間うちでLINEグループを作成し、連絡を取り合ってシフト表を作ります。勤務シフトが埋まっていないと、グループに参加している仲間から「誰か入れよ」というメッセージが入り、自分たちで融通し合いながらシフトを維持します。こうして正社員の仕事が、学生アルバイトへと移行していきます。彼らが自ら進んで自分たちの仕事の範囲を広げていくのです。

3〜4年生時にバイトリーダーを担い、自分たちの引退前には次のバイトリーダーを後輩の中から育てて、職場を維持しているところも存在します。アルバイトが人事担当者となって新人アルバイトの育成や責任体制の移行まで心配し、アルバイトのみで職場を支えることになります。そこには、低賃金の学生アルバイトが責任の重い基幹労働を担うことへの疑問はまったく存在していません。

職場への組み込みから、職場の責任者を選抜・育成することによって、ブラックバイトがシステムとして確立することになります。

職場との一体化で人格支配をもたらす

入職時点での職場への組み込みから職場の責任者選抜が行われ、ブラックバイトがシステムとして確立します。人手不足の職場で、アルバイトとしては過剰な量と範囲の仕事を日々、学生は担い続けます。こうした生活をし続けることによって、学生の中に職場との一体化やとても強い責任感が生まれてきます。

例えば、やむを得ない事情でアルバイトを休まなければならなかったり、あるいは辞めなければならなくなっても、ブラックバイトにはまり込んでいる学生は、職場やそこで働く同僚に罪悪感を抱きます。また、自分の人生にとって重要な試験が近づいているのに「生徒が困るから辞められない」と言って塾のアルバイトを続けたり、「かぜを引いてもバイトに行くのは当然でしょ」と言って、ひどい体調でもアルバイトに向かう学生がいます。

ブラックバイトがマスコミで報道された時、40~50代の多くの方から「今の学生は真面目過ぎる」「もっと気楽でいいのに」という感想を多く聞きました。しかし、これは真面目という気質の問題ではないと思います。人手不足の職場で、過剰な働き方をし続けたことで自分がそのアルバイトを休んだり、辞めたりしたら職場がとても困るという、本物の責任感を持ってしまっていることから起きているのです。

さらに私が、現在のアルバイト先企業は学生に責任を負わせ過ぎている点に問題があると講義で指摘すると、何人かの学生から「責任を持つのは当然だと思います」とか「責任を持って何が悪いのでしょうか?」という反応が返ってくることがよくあります。

例えば「生徒のことを思って、バイト料をもらわずにタダで補講を実施する」(得をするのは生徒ではなくて、塾の経営者)とか、「自分が商品販売のノルマを高く設定して、売り切れなかったら買い取るばかりか、他のバイト仲間にまで高めのノルマ設定や買い取りを促す」のは過剰な責任意識だと思うのですが、そこを指摘するとむきになって反抗する学生もいます。こうしたことからも職場との一体化や、アルバイトによる人格的支配が進んでいるように思います。

私の講義を聞いた学生が、周囲の学生のアルバイトがあまりにもひどいので「君のバイト環境はブラックバイトじゃない？」と聞いても、「うちはブラックじゃないよ」と否定する学生はとても多く、中には怒り出す学生もいるそうです。

ブラックバイトの過酷な労働が職場との一体化をもたらすことで、アルバイト先のことを悪く言われたり、批判されることが、まるで自分のことを悪く言われたり、批判されたりしていると感じられてしまうのです。そこで、「自分のアルバイトがブラックであることを認めたくない」とか「現実を見たくない」と思ってしまいます。

「連勤自慢」と「睡眠不足自慢」

ブラックバイトが人格的支配にまで至っていることを示す例として、大学生の間でとても広がっている会話があります。ある学生が、「私は8連勤」と言ったのに対して「僕は10連勤」「俺なんか16連勤だぜ」という会話が続きます。よく聞いてみると、これはアルバイトの連続勤務の日数を話しているのです。

また、「僕は昨日、たった1時間」と言ったのに対して「私はゼロ」「俺なんかオールゼロだよ」という会話もありました。これは前日の睡眠時間です。「ゼロ」は夜の睡眠時間が0時間のことで、「オールゼロ」とは1日中寝ていないという意味です。

ブラックバイトによって、学生の連続勤務と睡眠不足が深刻化しています。上記の会話を私は「連勤自慢」「睡眠不足自慢」と呼んでいます。なぜかというと連続勤務が多いほど、睡眠が少ないほど、自慢（＝自虐）できるからです。聞き取り調査をしてみたところ、全国各地の大学で同様のことが言われています。

ここには、ブラックバイトに支配されている日常が生み出した学生の気分がよく表れています。連続勤務がより多く、睡眠がより少ない自分を自虐しつつ自慢し、自分がこれだけ大変な状況で我慢をして働いているのに、自分よりも苦労していない人間が弱音を吐いたり、不満を言ったりするのは許せない、という気持ちが第一に働いています。

さらに、「自分のほうがもっと連続勤務をしているんだ」とか「もっと睡眠不足なんだ」と他人にアピールして自分自身を奮い立たせないと、日々の過酷なアルバイトを続けられないという事情もあるようです。気持ちはわかりますが、これは結果的にはブラックバイトの価値観をより強く浸透させます。不満が過酷な働き方をさせるアルバイト先企業に向かわず、弱音を吐いたり、不満を表明しようとする他の学生アルバイトの発言を抑圧するほうに向かうからです。

実際に学生から「昨夜の睡眠時間がゼロぐらいでは、不満なんて言えません」と聞いたことがあります。まわりに「オールゼロ」や「オール２（＝２日間まったく寝ていない）」という人が大勢いるからだそうです。言っている本人たちに悪気はないのでしょうが、連勤自慢（＝自虐）や睡眠不足自慢（＝自虐）の会話が、アルバイトに苦しんでいる人たちの声を封殺する機能を果たしている面を見ないわけにはいきません。

ここにはアルバイトの職場や雇用主への批判意識や、自分たちの労働者としての権利という発想は存在していません。学生たちは積極的であれ、消極的であれ、過酷な働き方を承認し、周囲にもそれを「当然のもの」として広げる役割を果たしています。人手不足の下での過剰労働の日常性が、学生の罪悪感や責任感を醸成しています。それは一種のマインドコントロールです。

アルバイトという低賃金でありながら、過酷な労働や重い責任を当然のものとして受け入れているという点で、ブラックバイトによる組み込みは、人格的支配の段階にまで達していると言えるでしょう。

5章

若者を食いものにする貧困ビジネス

本章のポイント

【ポイント ①】

企業が基幹労働力として、学生アルバイトに目をつけたのはなぜか？　第一に賃金抑制がしやすい、第二に深夜・終夜・休日営業において学生が都合のいい労働力になった、第三に学生がアルバイトを就活の準備として位置づけたため使いやすくなったことが理由。

【ポイント ②】

ブラックバイトを経験した若者は不当な扱いに慣れてしまい、卒業後に「ブラック企業」に入ったとしてもその働かされ方に疑問を感じることが困難になる。そしてブラック企業の働かせ方への当然視は、学生アルバイトのブラック化をさらに推し進める。

【ポイント ③】

ブラックバイトのような働かせ方をする企業は、経済的に窮した学生の弱みにつけ込んで大きな利益を上げている。貧困層をターゲットにして搾取を行い、結果的にはそこから脱け出せなくさせてしまう貧困ビジネスになっていると言える。

非正規雇用に基幹労働を担わせて人件費を削減

なぜ人手不足に悩む企業は、学生アルバイトに目をつけるのでしょうか。これを考えるには、1990年代以降の労働市場の変化を見る必要があります。123ページの図17・18は1995〜2015年の、正規雇用労働者数と非正規雇用労働者数の推移、ならびに非正規雇用者比率の推移を示したものです。ここ20年間に正規雇用は約500万人減少し、非正規雇用は約1000万人増加しました。

その背景には、バブル経済崩壊以後の不況に加えて、雇用構造の大きな転換がありました。1995年5月、日本経済団体連合会（経団連）の前身である日本経営者団体連盟（日経連）は、「新時代の『日本的経営』」を発表しました（125ページ図19）。労働者を三つのグループに分類＝差別化することが、財界団体から提言されたのですが、その意味は小さくありません。特に「期間の定めのない雇用契約」と、「有期雇用契約」とをはっきり分離して位置づけたことは、その後の労働市場のあり方に大きな影響を与えました。

この提言は、橋本龍太郎政権（1996〜1998年）や小泉純一郎政権（2001〜2006年）が財界と親密な新自由主義政権であったこともあって、現実の政策にも生かされていきました。1996年の労働者派遣法改正によって派遣対象業務が26業務に拡大され、1997年には労働基準法の改正で女性保護規定が削除されました。1999年の労働者派遣法改正によって、それまでの「原則禁止、一部適用」から「原則自由、一部禁止」へと、派遣労働の規制緩和が大きく進められました。そしてついに、2004年の労働者派遣法改正によって、それまで禁止されていた製造業においても人材派遣が解禁されました。

派遣労働者を始め、契約社員、パートタイマー、学生アルバイトなどの非正規雇用が増加し、正規雇用が減少しました。それは低賃金で不安定な労働者が増加したことを意味すると同時に、非正規雇用の働き方にも大きな変化をもたらしました。正規雇用が削減され続けることによって、彼らが行っていた責任の重い仕事を、非正規雇用が担わざるを得ない状況が生まれました。

日本型雇用での正規雇用労働者は、長時間かつ無限定な働き方（遠方への転勤や出向、休日出勤など）を受け入れる代わりに、終身雇用や年功賃金を保障されてきました。それに対して非正規雇用は、働き方も賃金も違っていました。

非正規雇用の最も大きな部分を占めていた主婦パートタイマーは、家事や育児と両立しやすい労働時間と、転勤なしの雇用を特徴としていました。そうした働き方と引き換えに、その多くは低賃金でした。日本型雇用の正規雇用労働者として働く夫によって、生活費の主たる部分が支えられていることを前提にした働き方です。正規雇用と非正規雇用の両輪が、日

図17 正規雇用者数と非正規雇用者数の推移

資料：総務省統計局「労働力調査」より作成

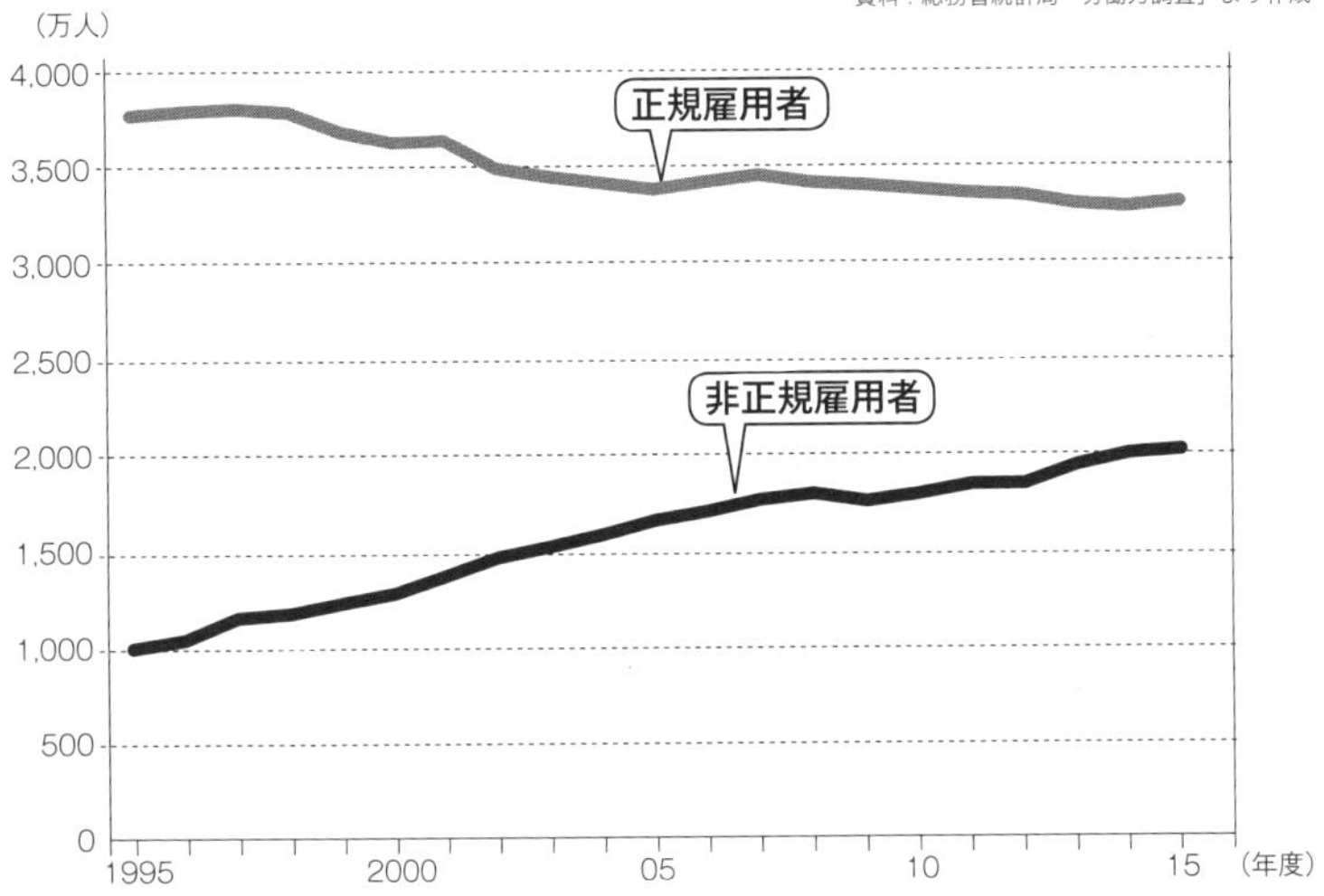

図18 非正規雇用者比率の推移

資料：総務省統計局「労働力調査」より作成

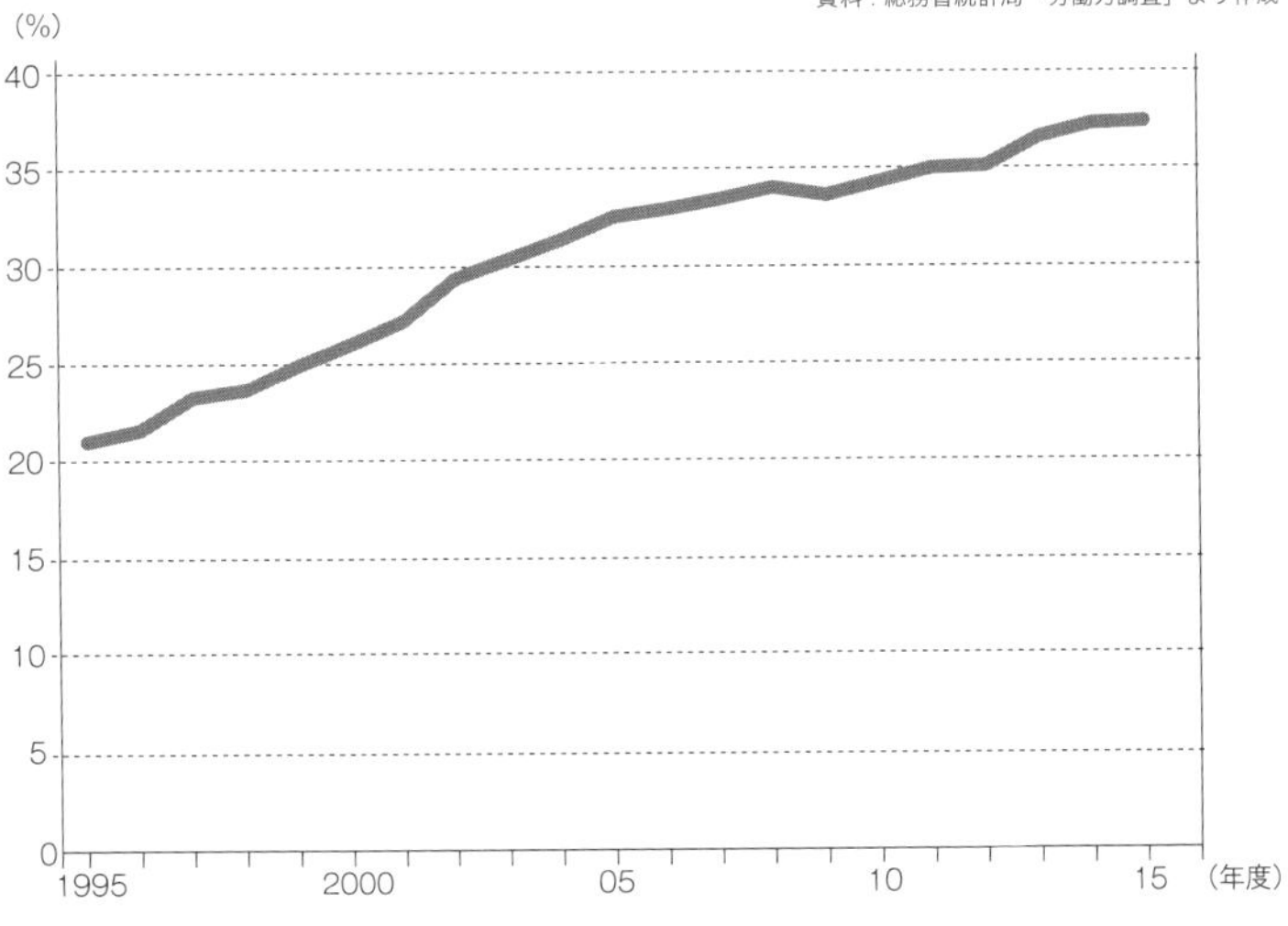

本型雇用を支えてきたのです。

しかし正規雇用の急減は、この構造を変化させました。派遣・契約社員や主婦パートタイマーなどの非正規雇用が、低賃金で不安定であるにもかかわらず正規雇用が担ってきた責任の重い労働、つまり基幹労働を担うようになったのです。それまで企業は、正規雇用の削減によって、人件費の削減を行ってきました。低賃金の非正規雇用を増やして基幹労働を担わせるということは、これまで以上の人件費削減策に他なりません。

非正規雇用が、かつての補助労働者から基幹労働者へと移行しています。それにつれてアルバイトの位置づけも変化しました。非正規雇用の基幹労働力化の中に、アルバイトも巻き込まれたことが、ブラックバイトを生み出すことになったのです。

なぜ企業は大学生に目をつけたのか?

正規雇用労働者の削減によって、非正規雇用の基幹労働力化が進んだことは間違いありません。では一体どうして、学生アルバイトがブラック化して注目を集めるようになったのでしょうか? そこには学生が狙われた、特別な理由があるように思います。

第一に、賃金抑制がとてもしやすいということです。学生の貧困化については本書でもす

図19 労働者のグループ別にみた処遇の主な内容

資料：日本経営者団体連盟「新時代の『日本的経営』」（1995年5月）より作成

	長期蓄積能力活用型グループ	高度専門能力活用型グループ	雇用柔軟型グループ
雇用形態	期間の定めのない雇用契約	有期雇用契約	有期雇用契約
対象	管理職・総合職・技能部門の基幹職	専門部門（企画、営業、研究開発等）	一般職 技能部門 販売部門
賃金	月給制か年俸制 職能給 昇給制度	年俸制 業績給 昇給なし	時間給制 職務給 昇給なし
賞与	定率＋業績スライド	成果配分	定率
退職金・年金	ポイント制	なし	なし
昇進・昇格	役職昇進 職能資格昇格	業績評価	上位職務への転換
福祉施策	生涯総合施策	生活援護施策	生活援護施策

でに説明しました。学生の貧困化が進んでいることは事実です。しかし、その一方で多くの学生は家計自立を求められてはいません。

授業料を負担しなければならない学生は近年着実に増えてはいますが、現在でも授業料については親が負担するのが多数派です。自宅から出て部屋を借りている学生の場合、仕送り額が0円であったり、とても少ない額の学生は言うまでもなく大変ですが、そこは一定の仕送り額のある学生が多くを占めています。自宅から通う学生の場合には、住居費や食費などの生活費を支払う必要性がない場合も多いでしょう。

ということは、大学生の多くは「家計自立」する必要性はありませんし、そのことを意識せずに働いていることになります。私の周囲でも「今月はバイトで12万円も稼いだ」と自慢気に話し、まわりから「すげぇ」と言われている学生がいます。

時給800円であれば、月に150時間、年間1800時間働いていることになりますから、正規雇用並みの労働時間です。しかし月に12万円の賃金は、自分で部屋を借りて生活するには十分な額ではないでしょう。家計自立をするためには、自慢できる額でも、「すげぇ」額でもありません。このことからも、彼らが家計自立という意識を持たずに働いていることがよくわかります。

大体19〜22歳で、高齢者よりも相対的に体力がある人たちを、家計自立しなくてよい賃金で働かせることができるというのは、雇用主にとってはとてつもなくありがたいことです。しかも外国人と異なり、言語や文化の摩擦も少なくてすみます。人件費の抑制がしやすく、極めて使いやすいことが、学生が狙われる第一の要因でしょう。

第二に、夜間や深夜労働の拡大や土・日・祝日営業の増加です。規制緩和により、大規模小売店の夜間営業が解禁されたことは、大きな影響を与えました。都市部では深夜遅くまで営業するスーパーマーケットが激増しています。居酒屋、コンビニエンスストア、ファーストフード店、ファミリーレストラン、薬局、ディスカウントショップなど、24時間営業を筆頭に深夜まで営業する店が増加しています。

非正規雇用の中で最も人数が多いのは、主婦パートタイマーです。その多くは家事・育児・子育てなどを抱えていることから、深夜労働に従事することは困難です。また土・日・祝日も家庭生活との関係で、勤務することが難しい人が少なくないでしょう。

それに対して大学生は、深夜労働に従事することはそれほど困難ではありません。午前中から午後、夕方にかけて授業のある大学生にとっては、むしろ夜や深夜は最も労働時間が確保しやすい時間となります。

土・日・祝日も、大学生は主婦パートタイマーより働きやすい立場にいます。週休2日制の普及によって、土・日には大学の授業は原則的にありません。また祝日についても同じことが言えます。夜間や深夜労働の拡大や土・日・祝日営業の増加は、大学生アルバイトの必要性をとても高めました。大学生はこの点でも狙われるようになったのです。

第三に学生アルバイトが、「就活の準備」として位置づけられたことにあります。学生たちは就活に有利だとして、ブラックバイトにのめり込む場合が少なくありません。多くの学生たちはアルバイトを「社会人としての経験」と考え、就活の面接では自分の実績として語っています。正社員の地位を獲得するための重要な実績としてアルバイトを位置づけているのです。これは非正規雇用のトライアル（お試し）化と似ています。「正社員になれる」という謳い文句で、当初は契約社員や派遣社員として雇うという例は増加しています。

契約社員や派遣社員は、パートタイマーよりも「正社員になりたい」と考える場合が圧倒的に多いのです。家計自立を行うためには、より待遇のよい正社員になる必要があるからです。彼らの多くは、正社員になることを目指して、自ら能動的に過酷な長時間労働に巻き込まれていきます。しかし、全員が正社員になれるわけではありません。トライアル雇用には、「安定したい」という労働者の気持ちを利用して、彼らを戦力としてフル活用しようとする企業戦略があることは明らかです。

契約社員や派遣社員と同じか、それ以上に大学生は卒業後に正社員になることを望んでいます。また、親を始め周囲からそのことを期待されています。この大学生のメンタリティーが、雇用主である企業にとっては絶好の狙い目となりました。

学生アルバイトは、ほぼ全員が非正規雇用です。非正規での努力や競争の結果が、就職での正社員につながること、つまり学生アルバイトを正社員へのトライアル雇用として積極的に位置づけたのです。「バイト経験は就職に有利」「バイトで社会を学ばないと就職で不利」などの考え方を意図的に流布させました。学生は卒業後の就職にとても不安を感じていますから、影響力は絶大です。

学生は「就職のために頑張る」という理屈から、低賃金でありながらも責任の重い労働に積極的に従事します。労働法違反や不当な処遇も、「これに耐えなければ就職に不利だ」と言われれば、多くの学生は言うことを聞いてしまいます。学生アルバイトが就活の準備となったことによって、雇用主や職場にとって、学生はとても使いやすい労働力となりました。このことが、学生が狙われるようになった大きな要因です。

「最低賃金」「賃金未払い」「自腹購入」

日本の最低賃金は、世界的にも低いことで知られています。２０１８年度の最低賃金の全国平均は８７４円です。学生アルバイトの賃金の多くは、最低賃金に張りつくか、その付近に抑えられています。コンビニエンスストアやファーストフード店、飲食店などでは時給が最低賃金とほぼ同一額であることが多く、責任が重い労働を担当する場合には、とりわけ低過ぎる待遇となってしまいます。

また、深夜労働であるため時給がやや高めのことが多い居酒屋では、「研修期間」と称して入職からしばらくは募集時に提示した金額よりも安い時給で働かせるなどの例が、多数報告されています。しかも、この期間を過ぎても賃金を上げないケースが少なくありません。

最低賃金に張りついていることだけでも、あまりにも安過ぎる賃金であるのに、それに加えて未払い賃金が多くの業種で発生しています。学生アルバイトでそれが目立つのは、学習塾のコマ給です。授業時間にのみ給料が支払われて、それ以外の時間には支払われません。授業終了後の書類作成や定期試験の予想問題作成、保護者との面談など、近年、塾講師アルバイトの仕事は大幅に増えています。そのことは、サービス労働が増加しているということを意味します。コマ給とは、未払い賃金の制度化と言ってもよいでしょう。

さらに業界を超えて広がっているのが、賃金が1分単位で支払われていない、ということです。労働基準法では、給料は1分単位で計算して支払われなければならないことになっていますが、法律の知識がないことや立場の弱さにつけ込んで、多くのアルバイト先企業で守られていません。15分単位、あるいは30分単位でしか給料を計算しない、といったケースは多数あります。着替えの時間や、片づけの時間に賃金が払われないことも多いのですが、どちらも違法です。

強制的なサービス残業もあります。ある居酒屋では営業終了後、アルバイトにタイムカードを押させた後でスタッフミーティングを行っていました。大手コンビニエンスストアでも、仕事上でミスがあった場合に店長から残業を命じられますが、その場合の残業代は無給です。サービス残業は、たとえ正社員にやらせても違法で大きな問題となりますが、時給で働いているアルバイトにとってはよりひどい仕打ちであると思います。

給料を減らすことに加えて、学生アルバイトに物を買わせることで、利益を上げるやり方も広がっています。第一は業務に必要な品の自腹購入です。業務用品の自腹購入は、「経費の節約」という名目で行われます。制服のレンタル代やクリーニング代、破損させた際の買い取り代を学生アルバイトに払わせる例も数多くあります。

特にこの手法が普及しているのは、アパレル業界です。働く時の制服はその店のメーカーの商品で、しかもその時に売っているものを着なければならず、それを自腹で購入することが、事実上強制されています。連日勤務する場合には、複数購入しなければならず、学生は毎月のアルバイト代のかなりを制服購入に費やさざるを得ません。ここまでくると経費の節約以上に、この手法が売り上げの向上にもつながっていると見ることができます。

第二に売り上げノルマの設定と、そこに達しない場合の商品の買い取りです。これが最も普及しているのはコンビニエンスストアです。最近ではクリスマス、年末年始、母の日、父の日、こどもの日など祝祭日や記念日の販促期間に合わせて、商品の売り上げノルマを設定するところが数多くあります。対象となる商品はケーキ、おでん、恵方巻、うなぎ弁当、お中元、お歳暮、おせち料理などです。学生アルバイトはノルマを課され、その商品を売るように強く指導されます。それが達成できない場合には、自発的に購入させられることもあれば、買い取りを強要されることもあります。給料から天引きされるケースもあります。ちなみに給料からの天引きは違法です。

学生アルバイトにノルマを課して、ゲーム感覚で売り上げを競わせることは、職場へのアルバイトの組み込みに有効な方法です。それと同時に、これが店にとって売り上げを確保するための手段となっています。1セット約2万円もするおせち料理を、学生アルバイトに買わせれば、その店にとっては大きな売り上げとなります。ケーキやおでんも、全員にノルマを課して残ったぶんを買い取らせれば、売り上げの確保とロスの削減を達成することができます。

このように最低賃金や賃金未払いに加えて、業務用品の自腹購入、売り上げノルマ設定とそれを達成できなかった場合の自腹購入など、学生アルバイトから搾取することによって、ブラックバイトの雇用主は利益を上げることができます。

人件費削減のためなら若者も食いつぶす

ブラックバイトでは、本人の希望によらず、最初からぎっちり勤務シフトを組まれてスタートすることが多いのです。そもそも正社員の数を減らして人手不足となっているうえに、アルバイトも余裕を持たせるだけの採用はしませんから、いきなり長時間かつ頻繁な勤務を強いられることはしばしばあります。

アルバイトの時給は正社員の初任給よりも安いですから、企業は学生を長時間働かせることにためらいはありません。近年、増加が目立つのは学生の深夜勤務、さらには泊まり勤務です。授業に出る準備をしてアルバイト先に出勤し、退勤後そのまま大学に向かう学生が増えています。長時間労働による疲労や睡眠不足によって、大学に行けなくなったり、大学に来ても授業中は寝ているだけ、という学生も大勢います。

かといって、ただひたすら労働搾取をするのではありません。一方では学生アルバイトのやる気や、職場、仕事への愛着を盛り立てる工夫も巧妙に行っています。例えば本人に対してその労働を評価し、重要な役割を果たしているという「自負心」を持たせることが、重要な戦略となっています。

そこには「よくやっているね」「助かっているよ」などの声かけに加えて、時には「よくやってくれているので時給を50円アップするよ」などということもあります。ある学生は、時給850円から900円への引き上げによって、アルバイトへの意欲がとても高められたと言います。実はそれと引き換えに、他のアルバイトスタッフのとりまとめや、新人育成など新たな仕事が多数加わるので、あまり割がいいとも思えません。私はつい「時給50円だけのアップで、それだけ仕事が増えてしまったら割に合わないんじゃないかな」と言ったら、その学生に「時給50円は大きいですよ」と強い口調で反論されてしまいました。

普段はおとなしい学生のその口調と表情を見て、学生の厳しい経済的状況を踏まえない発言をしてしまったことを、私は深く反省しました。それと同時に、学生の厳しい経済的状況を見越して、わずかな時給のアップによってより過酷な労働を強いるブラックバイトに対して、それまで以上に怒りを感じました。

こうした積み重ねを経て、中核的戦力となった学生アルバイトの中で、2年生の後半から3年生になると、責任者に選ばれる人が出てきます。「バイトリーダー」「バイトマネージャー」「時間帯責任者」など、さまざまな呼び名があります。

バイトリーダーは、学生アルバイト全体を統括する責任を負っているため、早朝、授業中、深夜を問わず正社員やパートタイマー、同僚アルバイトからの緊急トラブル連絡にも応じなくてはいけません。勤務シフトの維持・管理を注意深く行って、常に職場に必要な人員を確保することに加え、何か起きた時はすぐ対応できるように店舗内外で常に臨戦態勢でいる必要があるのです。授業中にアルバイト先から電話やメール連絡が来て、対応を迫られる学生の姿は、バイトリーダーの激務を明確に示しています。

こうしたバイトリーダーの登場は、何をもたらしたのでしょうか？　コンビニエンスストア、ファーストフード店、学習塾、小売店などでは1人の正社員が、複数店舗の責任者を兼任する状況が広がっています。これまで一つの職場に最低1人は常駐させていた正社員が、減らされることになりました。学生をバイトリーダーにすることによって、企業側は正社員をさらに減らし、人件費を削減することが可能となったのです。

一握りの正社員が複数店舗の責任者を担当するということは、どの職場にも正社員が常にいるわけではないということを意味します。学生のいない昼間の時間はパートタイマーとフリーターのみ、そして夕方以降は学生アルバイトのみであれば、その職場は基本的には非正規雇用労働者で運営されているということになります。学生アルバイトをこき使って正社員を減らしてきたことにより、職場によっては正社員の減少どころか正社員の消滅が進行しています。

ブラックバイトに慣らされブラック企業に気づかない

職場の基幹労働を担うようになったブラックバイトは、社会的にはどのような役割を果たしているのでしょうか？　ブラックバイトを経験した若者は、学生時代から長時間労働、無理な勤務シフト、賃金未払い、罰金やノルマ、突然の休日返上などの働き方を強制されています。こうした働き方に在学中から慣れてしまうと、卒業して「ブラック企業」に入ったとしても、その働き方に疑問を感じることは容易ではないでしょう。なぜなら就職先で直面する不当な扱いについて、学生時代にすでに経験し、それを当たり前のものとして受け入れてしまっていることが多いからです。

ブラック企業の働かせ方は、真っ当な企業でのアルバイト経験があったり、労働法を知っていればおかしいとすぐにわかります。しかし、多くの学生は労働法を十分には学んでいません。またブラックバイトが蔓延しているために、真っ当な企業でのアルバイトを経験することも難しいのです。

ある1人の学生に、その学生が関わっているのがブラックバイトであることを納得してもらおうと説得していた時に、その学生から「ブラックじゃないアルバイトなんてあるんですか？」と質問されたことがあります。ブラックではないアルバイトを経験したことがないことが、ブラックバイトの認識を困難にしています。

これと同じことが、ブラック企業でも起きています。ブラック企業は正社員というポストを餌にしている、ということにも注意が必要です。正規雇用者になりにくくなった労働市場の構造の中で、若者が「とにかく正社員になりたい」という不安に駆り立てられている状況を利用して、ブラック企業は広がりました。数年で使いつぶしても、すぐに後から代わりの若者が入ってくるという構造こそが、ブラック企業を横行させているのです。

ブラックバイトを経験した学生は、非正規雇用相当の賃金で基幹労働を担い、職場の中核的戦力の役割を果たしています。そしてアルバイト先でさまざまな苦難に耐えたことを売りに、正社員になるため必死の就職活動を経験します。非正規雇用相当の賃金で、膨大な量の仕事を担い責任を果たしてきた学生アルバイトが、必死の就職活動を経て正社員となり給料をもらうとしたら、どんな気持ちになるでしょうか？　おそらく「ブラックバイトでの基幹労働や、中核的戦力以上の労働を担うのは当然」という感覚だと思います。自立もままならない低賃金でも、あれだけの重労働を担うのですから、バイトよりも厚遇の正社員になれば「どんなにきつくて理不尽な仕事でも耐えるのは当然」と考えるのではないでしょうか？

今野晴貴氏の著書『ブラック企業２「虐待型管理」の真相』（文春新書、２０１５年）には、とても興味深い事例と考察が書かれています。中でも「これだけ『ブラック企業』という言葉が広がっても、多くの学生たちはそれほど意識していないというのが実際のところだろう。（中略）就職活動を行う学生は企業情報について驚くほど無頓着なのだ」という点は、考えさせられます。

ブラック企業が話題になっているにもかかわらず、学生が労働条件に関わる企業情報を集めないのはなぜでしょうか？　正社員になることに必死で、それ以外のことに目が向けられない厳しい就職状況や、それを後押しする就職活動のあり方にも問題があるでしょう。それに加えて、正社員になれば「アルバイト以上の激務は当然」という感覚がブラックバイトですでに養われていて、よりよい労働条件を考慮することすらなくなっている現実を示しているように思います。

今野氏はブラック企業の手口として、「固定残業代」の問題を考察しています。最も悪質な方法は、基本給の中にあらかじめ残業代を含ませ、基本給を高く偽装すると同時に、それによって長時間のサービス残業を可能とする点にあります。

これはブラック企業のだましのテクニックであり、学生の知識のなさにつけ込んでいることは明らかです。それと同時に、低賃金で過酷な労働のブラックバイトに慣れていることが、こうした問題を批判的に捉えることを難しくしているように思われます。

基本給20万円といっても、その中に固定残業代６万円があるとしたら、実際の基本給は

14万円です。14万円の基本給を「不当だ」と批判しにくくさせている理由の一つは、ブラックバイトです。自分の学生生活を大幅に犠牲にして得た月10万円や月12万円のバイト代を、「すげぇ」と称賛し合っている学生たちが大勢います。彼らが、卒業後に14万円に切り下げられた基本給を、不当だと考えられるかどうかは大きな疑問です。

さらに今野氏によれば、ブラック企業を避けるのではなく、「死ぬほど働いている人、仕事に命を懸けている人はかっこいい」「ブラックなぐらいがちょうどいい」と、むしろ自ら進んで入っていこうとする学生もいるそうです。これらの学生の登場にも、ブラックバイトが大きな影響を与えています。ブラックバイトにおけるやりがいや責任感の付与が、ブラック企業を嫌がらない学生たちのモードを作り出しています。低賃金で過酷なブラックバイトに慣れてしまうことは、ブラック企業での働き方に疑問を持つことを困難にします。ブラックバイトでの低賃金で、権利を奪われた労働条件が当たり前であれば、正社員の労働条件がとてつもなく過酷であっても仕方がないと受け止められがちです。

ブラックバイトが、ブラック企業の準備段階となっていることは明らかです。ブラック企業の働き方が当然視されれば、学生アルバイトのブラック化はさらに進むという悪循環を生み出します。ブラックバイトとブラック企業の双方がお互いに、労働の劣化を推し進めているのです。

ブラックバイトは「貧困ビジネス」である

ブラックバイトは、学生の貧困化と学生アルバイトを基幹労働力として活用しようと考える企業の戦略とが合わさって登場しました。以前であれば、学生アルバイトの基幹労働化を十分に行うことは不可能でした。学生の多くは、アルバイトよりも自分の都合を優先させていましたから、職場は学生への配慮を余儀なくされました。しかし1990年代後半からの親の所得減少による学生の貧困化は、この状況を大きく変化させました。

今や学生の多くは、「自分の自由に使えるお金」を稼ぐためではなく、「学生生活に必要なお金」を稼ぐために働いています。バイトで嫌なことがあったからといって、簡単に辞めることはできません。

この学生の貧困化に巧妙につけ込んだのが、ブラックバイトでした。主婦パートタイマーを配置しにくい深夜時間帯を中心に、学生アルバイトを基幹労働力として位置づけ、人件費の削減を一気に進めました。ブラックバイト化が多くの職場で進みましたから、「ブラックバイトに当たっても辞めればいい」はさらに通用しません。他のアルバイトの多くもブラックバイトだからです。

ブラックバイトは労働法の知識と社会経験が不足している学生に対し、その仕事を卒業後に就職先で直面する「職場の厳しい現実」に備えるためのトライアル雇用として積極的に位置づけ、「これぐらいできなければ正社員になれない」とか「これに耐えられなければ社会で通用しない」などの脅しをかけて、理不尽で劣悪な働き方を強制しています。

アルバイト先企業との関係が学生時代限りであることは、かつては学生に有利に働いていました。卒業後の就職とは関係ありませんから、それほど重い責任を感じることもなく、自分に必要なお金を稼ぐためだけに働けばよかったからです。しかしアルバイト先企業と学生との力関係は、完全に逆転しています。ブラックバイトは、学生の大学生活や将来を考慮することなく、安い人件費でこき使うことによって利益を上げています。

ブラックバイトによって学生が単位を落としたり、留年したりしても雇い主側は別に困りません。学生がブラックバイトで学生生活を犠牲にし、そのことによって十分な学力や能力が身につかなければ、将来の日本経済にとって重大な問題を引き起こします。しかしアルバイトを雇う企業は、当面は困りません。なぜならまた新しく大学に入学した学生が、アルバイトとして入ってくるからです。

何度も言いますが、ブラックバイトは貧困化した学生の弱みにつけ込んで、大きな利益を上げています。貧困層をターゲットにして搾取を行い、結果的には貧困から脱け出せなくさせてしまう貧困ビジネスになっていると言えるでしょう。

事例集 職場への過剰な組み込み手口

① 時給アップ Aさん(2年生)のケース

小さな働きがいを与えられ 賃金相当外の仕事もしてしまう

ファーストフード店で働いていたAさんは、最初のアルバイトで慣れないこともあったが熱心に働いた。真面目な性格のAさんは、仕事を着実に覚えていった。入職2年目に入ると、店長から「君は仕事がよくできるから、時給を50円アップするよ」と伝えられた。他のアルバイトよりも50円高い時給をもらうようになって、Aさんのやる気にスイッチが入った。パートタイマーとの打ち合わせ、新人アルバイトの育成、店舗の装飾や商品POP広告の作成、売り上げを向上させるための会議への出席などの仕事にのめり込んでいった。

このように増加した仕事に対しては、時給はまったく支払われていない。これらの時間を換算すると時給50円ぶんどころか、地域の最低賃金よりもはるかに安い賃金でAさんは働いていることになる。

②　時間帯責任者 Bさん（4年生）のケース ―― 責任者的な役職につけることで正社員以上の仕事をさせる

飲食店で働くBさんは、明るい性格で接客が得意であったこともあって、仕事場でも頼りにされる存在になっていった。入職1年目の後半には「時間帯責任者」と呼ばれる役職につけられ、勤務時間中は職場の責任者的立場になった。その間、他のアルバイトのまとめ役として頑張った。仕事ができることを見込まれたBさんは、次第に勤務時間外にも時間帯責任者としての役割を担当するようになった。

ある日、大学にいる時間に自分の携帯電話に連絡があった。高校生のアルバイトが客とトラブルを起こし、その対応に困っているという内容だった。Bさんは授業に出るのをやめ、大学から店の制服を着て飲食店に直行した。怒っている客に対して、責任者として丁寧に謝り続けて、何とか許してもらった。

そこが転換点だった。Bさんは、仕事への責任意識を深めた。トラブルを生み出す原因として店長の対応にも問題があると思い、自らが新人研修のプログラムや、働き方のマニュアルを再検討する仕事を買って出た。Bさんは1か月のうち大体25～26日はその飲食店で働いていて、事実上店長以上の存在になっている。

③ バイトリーダー C君（3年生）のケース

アルバイトのシフト管理を任せて店から抜けられなくする

ファミリーレストランで働いていたC君は、人なつっこい性格だったため、アルバイトの先輩たちから可愛がられる存在だった。勤務が終了した後も、飲み会やボウリングなどによく誘われた。

大学2年生の後半になると、責任者的立場である「バイトリーダー」に抜擢された。そのファミリーレストランで働いているのは、ほとんどがアルバイトだった。バイトリーダーの役割の一つは、アルバイト全員の勤務シフト管理だった。しかし約20人のシフト管理は大変だった。人数が足りない時には、ＬＩＮＥなどで仲間に出勤を呼びかけるが、それでも厳しい時にはバイトリーダー自らがシフトに入らなければならない。誰かが辞めれば、新人の募集と育成もC君の仕事だ。

店長やアルバイトの先輩たちからは、「この店でバイトリーダーができれば就職はバッチリだよ」と、何度も言われている。本人自身も、バイトリーダーになって「成長できた」と受け止めている。しかし、C君はアルバイトに時間をとられ、当初自分がやりたいと思っていた勉強はほとんどできていない。大学のサークルも辞めてしまった。

6章
ブラックバイトは日本社会を壊す!?

本章のポイント

【ポイント ①】

ブラックバイトは学生だけでなく、日本の社会全体にも悪影響を与える。低賃金の非正規雇用の増加は、正規雇用と非正規雇用の賃金格差を広げるうえ、非正規雇用労働者の未婚化・少子化をもたらす。まさしくそれは「再生産不可能社会の到来」といえる。

【ポイント ②】

ブラックバイトの広がりは、学生たちが集まることを難しくしている。つまり労働力や賃金だけでなく、大学生にとって必要不可欠な仲間と時間をも奪ってしまう。このことは将来、日本の文化の衰退をもたらす危険性さえ持っている。

【ポイント ③】

社会へ出る助走期間の学生時代を、アルバイトや就職活動など役に立つことだけに切り詰められた生活に終始するのは危険。短期的には利益にならず無駄にも見えるが、長期的には社会に大きな利益をもたらすことが数多くあることを知ってほしい。

若者の雇用不安定が再生産不可能社会を生む

ブラックバイトは、日本社会に多大な悪影響をもたらします。

123ページの図17・18は、非正規および正規雇用労働者の推移と、非正規雇用比率の推移を示したものです。ほぼ一貫して非正規雇用が増加し、正規雇用が減少・停滞することで、非正規雇用比率が1995年の20・9%から2015年には37・5%まで2倍近くも上昇していることがわかります。

日経連が「新時代の『日本的経営』」を出した1995年以降、20年間も非正規雇用増が続き、2002～2008年にかけては「いざなみ景気」と呼ばれた好景気が続いたにもかかわらず、正規雇用が増加しませんでした。このことから5章で説明した、正規雇用減による非正規雇用の基幹労働力化に加えて、非正規雇用の基幹労働力化による正規雇用の減少・抑制が起きていることが予想されます。

1学年で約60万人いる大学生アルバイトの基幹労働力化は、労働市場に大きな影響を与えます。パートタイマーや派遣・契約社員、フリーターと合わせて、非正規雇用の基幹労働力化の重要な一翼を担っているといえるでしょう。1990年代以降の非正規比率の増加は、非正規雇用が基幹労働者として働く職場や業界が増加してきたことを示しています。

近年の高校生アルバイトの増加は、そこにまた新たな非正規雇用の集団が登場したことを意味します。非正規雇用のさらなる増加と基幹労働力化は、正規雇用のさらなる減少・停滞をもたらしています。ということは、大学卒業後に正社員として採用されて働くことは一層困難となります。就職に有利と考えてアルバイトをしている学生は大勢いますが、マクロな状況を見れば、ブラックバイトで基幹労働を担えば担うほど、自分たちの卒業後の就職は苦しくなってしまうのです。

数だけではありません。ブラックバイトの増加など非正規雇用の基幹労働力化は、正規雇用の労働の過酷化を推し進めます。低賃金な非正規雇用でさえ責任の重い労働を担っているのですから、比較的賃金の高い正規雇用がより過酷な労働を担わされる危険性は高いと言えるでしょう。多くの非正規雇用を、わずかな人数で統括する役を負わされる正社員たちも少なくはないはずです。

ちなみに2012年の新規学卒者（大卒者）の3年以内の離職率は、32・3％に達しています（厚生労働省「職業安定業務統計」）。正規雇用での再就職がとてつもなく困難なことが広く知られている点と、また正規雇用につくため長期間にわたって厳しい就職活動を行った学生たちが多い点を考えれば、この離職率の高さはブラック企業を始め、職場の過酷な状況が背景にあるものと予想できます。

図20 出生数の推移

資料：厚生労働省「人口動態統計」より作成

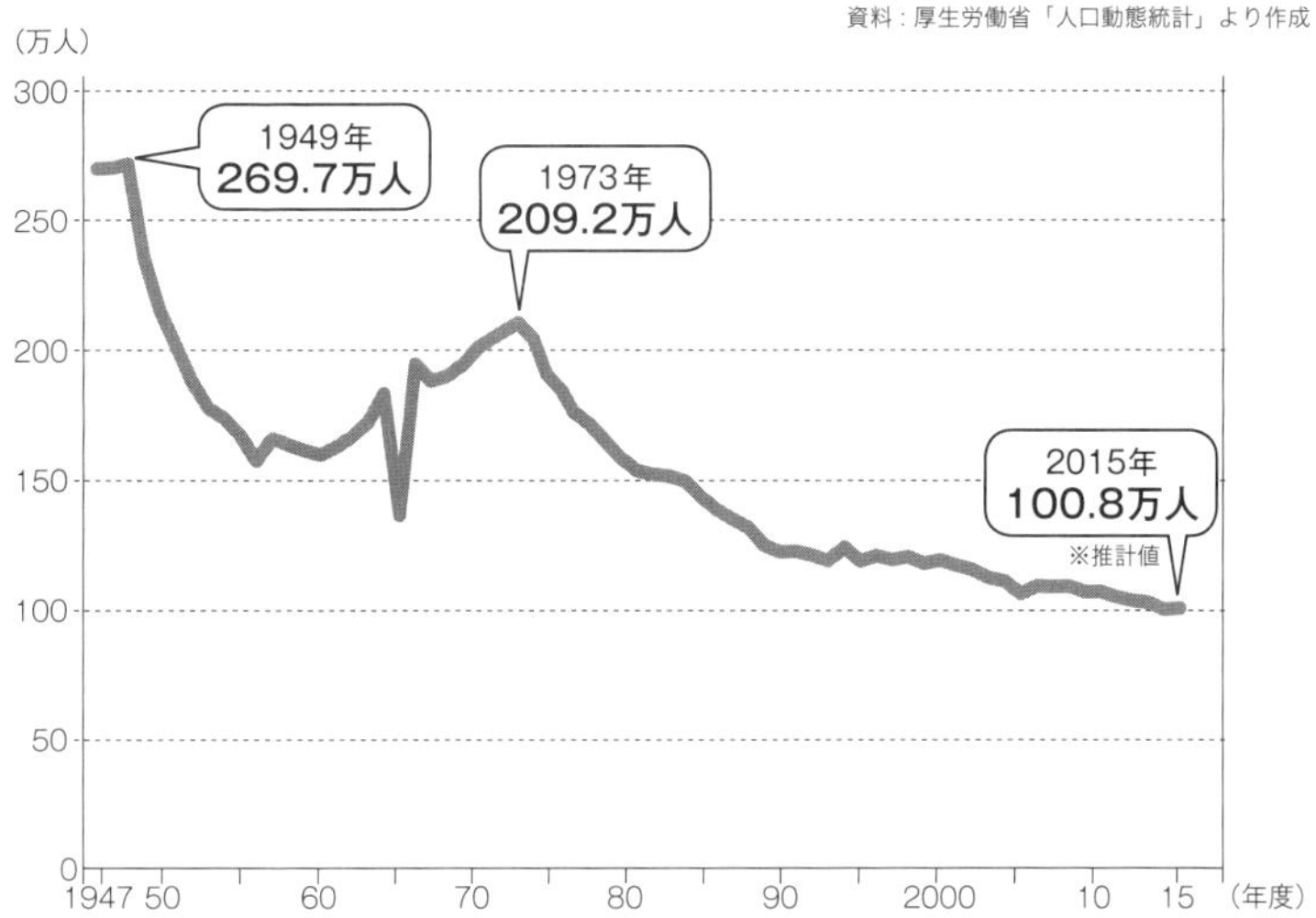

また、ブラックバイトによって困るのは学生だけではありません。日本の社会全体も困ります。非正規雇用の増加と基幹労働力化は、低賃金労働者の急増をもたらしました。日本の最低賃金は低く、正規雇用と非正規雇用の賃金格差が極めて大きいのです。低賃金の非正規雇用の増加は、未婚化・少子化をもたらします。

図20は出生数の推移を示したもので、1973年からほぼ右肩下がりで減少し続けています。世間では少子化とよく言いますが、私は「再生産不可能社会の到来」と呼んでいます。出生数の減少には保育所整備の立ち遅れなど、さまざまな要因がありますが、その一つが若者の雇用の不安定化にあることは間違いありません。働いても働いても暮らしが一向に楽にならず、結婚できない、子どもも産めない。ま

すます少子化が進行し、最後は高齢者だけの社会になってしまう。まさに「再生産不可能社会」だと思いませんか？

ブラックバイトは正規雇用の減少と、労働の過酷化をもたらします。それは卒業後の学生にとっては大変なことです。ブラックバイトの話をしても「だってお金が必要なんだからしょうがないじゃん」という顔をしている学生もいます。でもブラックバイトによる卒業後の就職や雇用への悪影響の話をすると、彼らの多くが深刻な顔になります。

社会の側も同じです。ブラックバイトを放置して「再生産不可能社会」をもたらすことは、社会の持続可能性そのものを困難にします。

理不尽に耐え過ぎると知性劣化を引き起こす

ブラックバイトが大学生の学業におよぼす影響として、「課題ができない」「試験勉強ができない」「授業中に寝てしまう」などの困った事例が報告されています。講義は聞けず、試験勉強もできないところまで来ているのですから、日常的な学習が困難となっていることはすぐに予想できます。私の知り合いの外国語を専門とする大学教員は近年、予習をしなくてもついていける授業を実践しているそうです。学生の実情に合わせた工夫を行っているということでしょうが、予習を含めて教室外での学習を前提にしない語学習得は、成功する可能性は低いでしょう。

以前であれば、授業には出ないけれども自分で外国語の本を読むなりして、優れた実力を身につける学生が一定数存在していました。しかし、ブラックバイトが蔓延した今ではそれは困難です。学生にはとにかく時間がありませんから、まとまった時間をとって本をじっくりと読むということは、とても難しくなっています。

さらに重要なことは、ブラックバイトが学生の時間を奪っているのにとどまらず、学生であることを否定する力を持っているということです。すでに述べたようにアルバイト先では常々「学生気分は捨てろ！」と言われ、授業中にまで職場から連絡が来る学生が大勢いるのです。過酷な労働と合わせて、学生であることを否定され続けることによって、学生自身が学ぶ意欲を持つことがとても難しくなっています。

ブラックバイトの特徴は、理不尽な待遇にも耐えるということです。いやむしろ、理不尽なことを当然のこととして受け入れる訓練が、日常的に行われています。それに慣れてしまうと、考えることや批判することができなくなります。大学において最も養うべき思考力や批判力が、育成しにくくなってしまうのです。

少し前に大学時代を過ごした方の中には、「アルバイトをしていても学業との両立は可能」とか、「最終的にはやる気の問題であって、今の学生にはそれが不足している」と思われる方もいるかも知れません。しかし、現在のブラックバイトの過酷さを認識すれば、学生が勉強することがいかに難しくなっているかがわかると思います。

また、「自分も大学時代にあまり勉強しなかったし、それでも別にいいんじゃないの？」と思われる方もいるかも知れません。しかし、そんなことを言っていられる時代ではないと思います。グローバル化された現代は情報化社会であり、知識基盤型社会です。多くの産業において知識の重要性は高まり、さらに新たな付加価値を生み出すことのできる創造性が重要になっています。

考えてみれば日本経済が最も成功していたのは１９８０年代でした。工業化社会の最終段階で日本経済は成功したのです。しかし、その後の情報化社会の到来により、その経済的地位は急落しています。工業化社会においては、大学入試選抜のための受験勉強で獲得した定型的な知識が有効でした。しかし情報化社会は、それとは違います。諸先進国はグローバルな知識基盤型社会に備えて、高等教育への公共投資を増額させてきました。高等教育によって育まれる知識と創造性が、経済力にとってカギであると考えたからです。

しかし日本はこれまで、それについてはまったく無策でした。高等教育への公共投資を怠り、知識基盤型経済に大きく出遅れています。

「受験勉強はするけれど、大学に入ったら学ばなくても大丈夫」というのは、１９８０年代の工業化社会時代の話です。日本社会の最大の問題は、１９８０年代までの「かつての成功体験」にとらわれていることだと私は思います。特に人口減少によって労働人口が減るのですから、一人ひとりの付加価値を高めなければ、日本経済はこれからやっていけません。

経済の問題だけではありません。日本型雇用の解体後に、いかなる社会を構築するのかが問われています。そこではこれまでの社会の前提を問い直し、新たに組み立てていく市民の構想力が問われます。大学で学ぶことによって培われる批判的思考力や判断力は、その点でも非常に重要です。ブラックバイトによる知性の劣化は、日本の経済と社会の双方にとって大きな問題を引き起こすことになります。

「仲間」と「時間」を奪い文化の衰退ももたらす

ブラックバイトは勉強以外の学生生活にも、大きな影響を与えています。長時間労働とシフトの強要などによって、授業時間以外のサークル活動や自主的活動にも悪影響を与えています。

私は試みとして、奨学金制度の改善を目指す学生団体「愛知県 学費と奨学金を考える会」のメンバー5人に、私が任意に指定した2016年4月20〜29日の10日間の予定を教えてもらいました。就職活動中ということもありますが、アルバイトやゼミも重なって、10日間のうち5人全員の予定が空いている日は1日もありませんでした。特に忙しいメンバーばかりを選んだということではありません。

「愛知県 学費と奨学金を考える会」のメンバーは現在約30名いますが、活動をするうえで最も難しいことの一つは集まることです。

サークル活動や自主的活動は、何よりも集まることからしか始まりません。しかしブラックバイトの広がりは、集まることを難しくしています。ブラックバイトが奪っているのは、大学生にとっての「仲間」と「時間」です。大学の授業にはあまり興味は持てなかったけれど読書会や勉強会、大学時代のサークル活動や自主活動は充実していた、という人は大勢います。

読書会や勉強会を通して学んだり、サークル活動や自主活動を通して人間的な成長を遂げることができたりと、これらの授業時間以外の活動は、大学教育における隠れたカリキュラムとして貴重な役割を果たしていました。仲間と時間が充実している大学時代の活動は、優れた文化を生み出す基盤となります。演劇を例にあげてみましょう。

1976年、東京大学で演劇研究会に所属していた野田秀樹氏は、劇団「夢の遊眠社」を結成しました。当初は東大構内の駒場小劇場を拠点として活動するアマチュア劇団でしたが、後にプロに転向し、大きな演劇ムーブメントを引き起こします。また、早稲田大学の演劇研究会に所属していた鴻上尚史氏は、在学中の１９８１年に劇団「第三舞台」を結成しました。その後、小劇団ブームを担う有力な劇団として成長していきます。

そこには野田氏や鴻上氏の才能と同時に、仲間と時間に恵まれた大学生活の環境が、よい影響を与えていたことは間違いないと思います。演劇にとって特に重要なのは仲間と時間です。周囲の仲間からさまざまな刺激を受け、時間を十分に費やすことができたことが、新たな演劇を生み出す基盤となりました。

ここでは演劇を取り上げましたが、同じことは映画や音楽、作家活動などにも言えると思います。

文化の担い手を生み出すだけでなく、文化の受け手の形成にとっても大学は大きな意味を持ちました。大学で本を読んだ学生たちが卒業後に有力な読者層を形成しますし、大学時代に映画を観た人たちが、卒業後も観客として映画を支えていきます。

これまで高校・大学時代は、社会に出る前に自分の好きなことに熱中したり、思いっきり時間を費やすことが可能な期間として存在していました。年齢的にも10代後半～20代前半の時期は、自分のものの考え方や価値観を形成する時期です。この時期にどんな文化と接するかは、その後の人生に大きな影響を与えます。この時期に熱中したことが、一生の趣味になっていたり、現在の仕事や活動を支えているという社会人も少なくないでしょう。その点では、この時期の余暇や遊びは一定の意味を持ちます。

余暇や遊びによって、豊かな文化に接することができたり、視野の広がりがもたらされるのであれば、それは全否定すべきものではないでしょう。

かつてのアルバイトは学生たちの余暇や遊びを充実させるためのものでした。しかしブラックバイトはその余暇や遊びを可能にする仲間や時間を奪っているのです。高校生のブラックバイトも増加していることを考えれば、文化の担い手や文化の受け手を形成する重要な時期に、多くの若者がその機会を奪われていることがわかります。ブラックバイトは、文化の衰退をもたらす危険性を持っています。

社会に出る前の「助走期間」を崩壊させる

ブラックバイトは、非正規雇用の変化の中で起きました。かつての非正規雇用はパートタイマーであれアルバイトであれ、低賃金であることと引き換えに生活との両立を可能にする働き方が通常でした。その点で日本型雇用の正社員とは異なっていたのです。しかし、非正規雇用の基幹労働力化は大きな変化をもたらしました。パート労働も家事や育児との両立が困難となり、ブラックバイトは若者が大学で学び、楽しい学生生活を送ることを不可能にしています。

そこには非正規雇用であっても長時間労働やサービス残業、きついノルマなど、正社員並みの働き方を強いることによって、大きな利益を得ようとする雇用主側の強欲を見ることができます。ブラックバイトを強いる雇用主は、非正規雇用の基幹労働力化によって人件費を削減し、大きな利益を得ています。

さらに、ここまでブラックバイトが広がってしまった背景には、利益を得ている雇用主に加えてそれを容認する社会意識の存在も影響しているように思います。「大学の勉強なんて大して役に立たないのだから、バイトで社会経験を積んだほうがいいんじゃないの」とか「学生自身のやる気があまりないし、お金が足りないのだったらバイトが増えるのも仕方がない」と考える人も少なくないかも知れません。

雇用主は利益を上げることができるし、社会的にもそれほど大きな批判がないことで、ブラックバイトは広がっています。しかし、そのことは今後の日本社会に何をもたらすでしょうか。ブラックバイトによって学生の多くは十分に学ぶことができません。「やる気が足りない」とよく言われますが、学生を見ていると、そもそも勉強のやる気を持てなくなるような働き方を強いられている場合も少なくありません。

「アルバイトで身につくこともある」とよく言われますが、その多くは単純労働で、本人の能力や創造性を高める度合いが高いとは言えません。むしろ違法な企業ルールや社内ルールに従う習慣が身についてしまっている学生が目につきます。ブラックバイトが広がることは、短期的にはその企業に利益をもたらすでしょう。しかし、長期的には大きな問題をもたらす危険性が高いと思います。

学生時代とは、社会に本格的に飛び立つ前にエネルギーを蓄える時期だと思います。学ぶことは思考力を高め、豊かな文化に接することは想像力の幅を広げます。

その大切な学生時代をアルバイトや就職活動など、役に立つことだけに切り詰めた生活で終始するのはとても危険です。役に立つこと以外を思考することができなくなるからです。短期的には利益にならず無駄に見えることが、長期的には社会に大きな利益をもたらすことは数多くあります。

どんな大型ジェット機も十分な助走があればこそ、飛び立つことができます。ブラックバイトは社会に出る前の重要な助走期間を崩壊させ、学生たちが卒業後により大きく活躍できる可能性を奪っています。

7章

法律のプロが語る対応策はこれだ

本章のポイント

【契約時の注意】

・アルバイト探し時に見た募集内容や労働条件は必ず記録し、契約時にきちんと再確認する。

・勤務シフトや待遇などは口約束ではなく、「労働条件通知書」「雇用契約書」などの書面で交付してもらう。

【トラブル予防】

・タイムカードやシフト表は、働いた時間の証拠として写真などに撮って残しておく。準備、後片づけにかかった時間も細かくノートなどに書いておく。

・給料が支払われたら、給与明細書や自分で記録しておいた内容と必ず照合して時間と金額を確認する。

・自爆営業や労働条件を無視したシフトの強要、強い勧誘は不当行為として拒否する。

【その他の対策】

・セクハラやパワハラは騒ぎ立てず、証拠を集めたり味方を作って行為をやめさせるよう仕向ける。

・職場で慣例化している不当なルール等に対しては労働組合に相談し、団体交渉をして労働協約を定める。

契約書が持つ効力は思った以上にすごい

ブラックバイト問題が全国に拡散されて以来、「自分も被害者だと感じるので辞めたい」「身近に苦しんでいる知人がいるからなんとかしてあげたい」といった多くの相談が寄せられています。この問題を解決するには、雇用主側からの職場への取り込みで生じたマインドコントロールを根気強く解くことが大切です。同時に、雇用主に対して不平不満を訴えられるように、労働法の知識を身につけておく必要もあります。

そこで、学生アルバイト問題専門の弁護団「ブラックバイト対策弁護団あいち」の事務局長として啓発活動や法的手続きに精通し、私も交流のある久野《くの》由詠《よしえ》弁護士に法律家の視点からアドバイスをお願いしました。

「ブラックバイト対策弁護団あいち」とは、ブラックバイトから学生を守るため、愛知県近隣の若手弁護士ら約30人のメンバーが集まって結成した全国初の被害対策弁護団です。無料相談や高校・大学などでの労働法の出張講義、雇用主への通知・交渉、労働基準監督署への通告、労働審判や訴訟といった法的手段などによって効果的な解決を目指すプロ集団と言えます。

久野氏は、「契約時よりも前に、バイトを探す段階から注意が必要です」と、まずはアルバイトの募集内容や労働条件について、記録を残しておくことの重要性を強調しました。ブラックバイト被害では、すでにこの時点でさまざまな問題のあることが報告されているからです。特にインターネットの場合には、情報が更新されてしまうこともあるので、画面を印刷するなどして残しておくなどの工夫が必要なのです。

実際に学生の話を聞いてみると、面接の場で募集時の条件と実際の条件が違っていることを伝えられる例は結構あります。こうした状況に直面した時には「ブラックである可能性が高いので、別のアルバイト先を探したほうがいい」ともアドバイスしてくれました。

確かに「バイ活」は大変です。少々のことは我慢しても、すぐにでも働き始めてお金がほしい、という学生も少なくないでしょう。しかし、はなから募集要項と違うような条件で働かせるということは、他の場面でもアルバイト雇用ということを無視して、無理な働き方をさせる可能性が高いことを予測させます。

こういう職場は、労働基準法を始めとする労働法規に関する意識が甘いので要注意です。ブラックバイトの見分け方の重要なポイントとして押さえておいてほしいです。

「いや、募集要項にはこう書いてあったじゃないですか」と矛盾を指摘し、「この条件を見て応募したので、この内容で雇ってください」と主張して、募集通りの契約書を作成させることができればよいのですが、それができないなら他を探したほうがいいでしょう。

契約時に重要なことは、自分が例えば週に何日出ればいいのかとか、時給いくらで働くことになったのか、交通費は支給されるのか、といったことをわかっておきたいので、労働条件通知書や雇用契約書など条件が書かれた書面を交付してほしい、と求めることです。

雇用主側には「労働条件明示義務」（労働基準法第15条）が定められていますから、アルバイトが契約書や労働条件通知書を求めるのは権利に基づく要求です。労働者としての自覚を持って、労働条件が明示された書面を受け取るようにしましょう。

具体的には「最初の1か月間は研修期間だから募集条件より時給が100円安い、と言っていたのが3か月たっても6か月たっても上がらない」という事例や、「採用時に6か月後は給料を上げると口頭で約束したが、上げてもらえない」などの相談が数多くあります。

これらの問題は、口頭で交わされたために記録が残っていない点にあります。しかし契約書をもらっていて、そこに研修期間中は時給が安いことがきちんと明記されていない場合は、契約書に記載されている金額を請求できるそうです。なぜなら、契約書が原則で、口頭の約束は例外の特約だからです。

特約の存在を証明する義務は会社側にあるので、学生側は契約書に基づいて請求することができます。ですから皆さんは、アルバイトの契約書を大切に保管しておくことをくれぐれも忘れないようにしてください。

給料未払いは証拠をそろえて自分で動く

「ブラックバイト対策弁護団あいち」の相談窓口には、給料を支払ってもらえないという相談もよくあるそうです。「働いた時間ぶんの給料がもらえない」「残業や仕事準備、後片づけを無給でやらされた」などです。アルバイトの場合は、これらはサービス労働として扱われますが、もちろん働いた時間ぶんの給料を請求することができます。

そこで重要なのは「労働時間を証明できる証拠を手元に残しておくこと」。雇用主側が任意に未払い賃金を支払ってくれず、裁判で請求することになった場合、労働者側は①労働時間の始まりと終わり、②その時間中に仕事をしていたことを裁判の中で証明する必要が出てきます。久野氏によれば、通常は裁判になる前に雇用主側と交渉するそうですが、そこでも働いたことについての証拠となるものを蓄えておくことが大切とのことでした。

雇用主側にとって不利な証拠となりうるため、タイムカードを隠してしまい交渉の席で出してくれなかったという相談もあります。そのため出退勤時刻が打刻されたタイムカードや勤務シフト表を写真にとっておく、出退勤の時にその事実をメールやＬＩＮＥに記録する、同じ職場仲間の証言を集められるようにしておく、などの工夫が有効と言えるでしょう。

未払い賃金は、働いた日から２年間は請求することができます。そのことも知らない学生も多いはずですから、覚えておくことが重要です。

残業代や半端な時給などが支払われなかったり、カットされるサービス労働についても同じです。給与明細書をもらっている場合は、何時間ぶんの労働に対して賃金が支払われたのかを確かめる必要があります。給与明細書を出してくれない職場の場合、振り込みであればいくら振り込まれたのかを確認して、それを実際に働いた時間で割ってみて、きちんと契約通りの給料が支給されているのかを確認しましょう。

契約通りの支給がなされていない場合、差額は未払い賃金ということになるので、証拠を整えることができれば雇用主側に請求することが可能です。

サービス労働をさせられている学生からの相談で多いのが、始業時は制服への着替えや仕事の準備をして店に出てからタイムカードを押し、終業時にはタイムカードを押してから清掃や片づけ（クローズ業務）、翌日の仕込み（準備業務）などをさせられ、そこには給料が支払われない、という事例です。これに対しても久野氏は「職場に着いて着替えるまでの時間と、業務終了後に着替え終わって退出する時間を記録しておくこと」と言います。

たとえ本来の業務である接客対応でなくとも、それに付随する「制服に着替えなさい」「片づけなさい」「掃除をしなさい」という業務命令に基づくものは、労働あるいは労働準備行為とみなされます。そこについても給料はきちんとつくのです。

賃金は1分単位でもらうことができる

もう一つのケースとして、アルバイトの賃金は1時間単位の「時給」で支払われることが多いのですが、もし就労時間に端数が出た場合、皆さんの職場はどうしていますか？　切り捨ては論外としても、15分単位や30分単位でしか計算されないことがよくあります。

労働基準法では、給料は1分単位で計算して支払うことが定められています（労働基準法第24条および37条）。また1日8時間以上（1週40時間以上）働いたり、深夜（22時～翌5時）・休日労働をした場合には割増手当も支払わなければなりません（労働基準法第37条）。いずれの場合にも未払い賃金を請求することができます。

未払い賃金を取り戻すためには、無給で働いた時間の証拠をそろえてアルバイト先の企業に請求し、それでも払われなかった場合には労働基準監督署に申告をします。

その際は他人に「してもらう」のではなく、「自分から動く」ことが重要です。経験のない学生にはハードルが高いように感じられるでしょうが、実行すれば未払い賃金を取り戻せるだけでなく、法律に基づいて権利を行使する貴重な経験を積むことができます。それは得られたお金以上の価値があると言えるかも知れません。

また、労働者が団結して雇用主と団体交渉を行う労働組合（ユニオン）を利用できれば、自分だけでなく従業員全員の未払い賃金を要求することができます。

２０１６年3月、埼玉県内のコンビニエンスストアでアルバイトをしていた高校生のA君は、「ブラックバイトユニオン」という労働組合を通じて雇用主側企業と団体交渉の末、労働協約を結びました。その後、A君を含め5店舗の店員約70人に過去2年ぶんの未払い賃金が返還され、総額は約５００万円にのぼりました。さらに、これからは1分単位で給料を支払うこと、レジの違算などによる自己負担金の全額返却についても合意しました。

私が知る学生の多くは、アルバイトを辞める時点で未払い賃金を請求する方法をとっています。ですが労働組合を利用して、アルバイトを辞めずに改善する方法も、ぜひ知っておいてください。こうした交渉スタイルが全国で広がれば、ブラックバイト問題も一気に解消に向かうと思います。

アルバイトは有給休暇をもらえるのか？

ブラックバイトが今の学生に疑問視されない理由として、アルバイトという立場の不明瞭さがあると思います。正社員や他の契約社員とは違うことは理解しているけれど、どこまで仕事で責任を負ったらいいかはわからない。反対に、労働者としての権利がどこまであるのかについても、おそらくわかっていない学生が大半だと思います。

そんな学生から「アルバイトでも有給休暇は取れるのでしょうか？」なんていう質問がよく出されます。この質問について久野氏は、「アルバイトに従事する人は、学生であろうとなかろうと、法律上労働者であることに変わりありません」と断言しています。つまり有給休暇を取得できる条件を満たすだけ働いていれば、当然、取ることができるということです。もちろん休暇中は何をしていてもよく、休暇をとった理由を雇用主に伝える義務もありません（労働基準法第39条）。

「バイトには有給休暇なんてあるわけはない」と雇用主から言われたと、学生から話を聞くことが少なくありません。しかし、それは完全な間違い、または勘違いです。有給休暇を取ることは法律によってアルバイトにも認められていますから、そのことを周囲のアルバイト仲間にも伝えてぜひ実践していくべきです。

ちなみに、ここでお話しする有給休暇とは法律上の「年次有給休暇」を指し、大雑把に言えばアルバイトとして採用されてから6か月間継続勤務し、その間の全労働日の8割以上出勤した場合に10日の休暇が分割または一括で与えられるというものです。6か月以降は、継続勤務1年ごとに1日（3年6か月以降は2日）ずつ加算され、最高で20日まで認められます。他にも忌引きや介護休暇など、就業規則に定められた有給休暇もあります。

アルバイトだからといって、有給休暇を与えないのは明らかな労働基準法違反です。もしも条件を満たし、有給休暇の時期（取得日時）を指定して仕事を休んだにもかかわらず、相応の賃金をカットされたり、払ってもらえないという人がいたら、証拠をそろえて交渉を行うように。それでも雇用主側が対応しなければ、賃金未払いとして労働基準監督署に申告するという手順になります。

突然のシフトカットには休業手当を請求

賃金に次いで多いのが、勤務シフトに関する相談です。自分が望んでいたシフトが組めないのはまだしも、最も困るのは当人の希望や予定をまったく無視したシフトを組まれてしまうケース。そうして学生生活に支障をきたす学生が大勢います。

このシフト問題に対処するには、どうしたらよいのか。久野氏の見解では、シフトについては法律上「こうでなければならない」という規則はなく、法律的に解決する場合は、やはり契約書が基本になるということでした。

採用時に労働条件通知書か雇用契約書をもらっていて、労働条件として働く曜日や1週間の出勤日数が記載されているのであれば、そこには拘束力が生じます。その内容を変更したい場合には、雇用主側も、労働者側も、お互いに申し出て合意する必要があります。事前の変更合意もないのに、雇用主側が一方的に契約書や希望を無視したシフトを組む場合、雇用契約違反なので契約を解除して直ちに辞めることができます。

勤務シフトにからむ問題は、①希望した通りに入れない、②入っていない日に不意に呼び出される、③入っていたのに「来なくていい」と言われる、という3パターンがあります。①の場合、求人広告等で「シフトを融通できます」とか、「あなたの希望通りに働けます」と謳っていたようなら、条件違反ということになります。誰もが応募しやすいように誘っておきながら、労働実態が違うということなので、それは求人詐欺として辞職を申し出る際の理由の一つになり得ます。

②の場合は、程度にもよるでしょう。自分の希望した通りのシフトに加えて、ヘルプを頼まれることが多いのは、アルバイト先が深刻な人手不足である場合によく見られるケースです。そういうところはたとえ新人を補充しても、辞めていく人も後を絶たない。なので、学生生活のほうが成り立たないようであれば、そのアルバイト先をあきらめるという選択肢を考えたほうがいい。その場合も十分正当な辞職理由になると思います。

③のように、予定していたアルバイトを減らされるというのは、経済的な事情があって働いている学生にとっては厳しい事態です。この場合、仕事をしていないのだから賃金は1円

たりともらえないだろうと思われがちですが、法律上はそうではありません。シフト決定の時点で「あなたにこの日は働いてもらいます」という約束が雇用主側と取り交わされ、それを突然一方的に破棄されたのですから、休業手当として平均賃金の6割以上を請求できます（労働基準法第26条）。ちなみにこの場合の平均賃金とは、起算日から遡って3か月間に支払われたアルバイト料の総額を働いた日数で割ったものです。3か月間で50回シフトに入って40万円もらっていれば、平均賃金は8000円。これは勤務時間にかかわらず決められるので、時給であっても1日いくらとして算出されます（労働基準法第12条）。

シフトやノルマは法律での解決が難しい

シフトと並んで、業務ノルマについての相談も少なくありません。

一口にノルマといっても、その使われ方はアルバイト先によってさまざまで、売り上げや仕事量の目標として掲げられるレベルのものから、ゲーム感覚的に罰則が用意されているもの、未達成ぶんを自爆営業させられる厳しいものもあります。例えば、ノルマに到達できなかった場合の商品買い取りなどが、それにあたります。

久野氏によれば同じノルマでも、単に目標として課されるのと、自爆営業の強制とでは性質がまったく異なるということでした。前者は雇用主からアルバイトに対する業務指示の一環といえます。目標を設定することで作業効率を上げたり、個々の競争心をあおってやる気を起こさせるなどの効果が期待できます。ノルマを決めてもらったほうが働きやすい、という人もいるぐらいです。

対して「売れ残り商品の買い取り」などの自爆営業は、雇用契約とは関係ない「売買契約」です。その店で働いているからといって、売り上げを満たすために商品を買い取らなければならない義務は発生しません。アルバイトが真に自分の意思で買い取ったのなら問題にはなりませんが、そこに雇用主からの強要や強い勧誘が認められる場合は違法行為となり、損害賠償を請求することも可能です。罰金や給料からの天引きも法律に違反しているので、減額・天引きぶんは未払い賃金として請求できます（労働基準法第16条・24条）。

ただしこうしたシフトやノルマの問題は、働き続けながらの法律による解決が難しいことも多く、雇用主側との交渉が重要となります。例えば「シフトは週3日以内に抑えてほしい」「試験前にはシフトを減らしてほしい」「ノルマは○個以内にしてほしい」「ノルマは課さないでほしい」といった内容になるでしょう。

しかし、こうした交渉を大学生が1人で行うのは容易ではないし、まして連綿と続いてきた職場環境を改善することはまず不可能です。下手をすれば、その職場の中で自分だけが浮き上がって不利な扱いを受けたり、嫌な思いをすることもあります。また首尾よく自分は交渉に成功しても、そのことで他のアルバイトがよりきついシフトを組まれたり、ノルマの達成に追われ続けることもあり得ます。それでは職場環境は改善しないことになります。

ここでも大きな役割を果たすのが労働組合です。個人で訴えるには厳しいような大きな事案でも、労働組合であれば企業と対等な立場で交渉を行い、シフトやノルマについて新しいルール（労働協約）を作ることができます。

「試験期間中には○日、○時間までしかシフトを入れない」「本人からのシフト希望は原則的に認める。それを職場の都合で変更する場合は本人の合意を必ず得る」などの協約を設けることができれば、学生生活との両立はずっと容易になるはずです。

ノルマについても、過重な命令に対して「適切なノルマの範囲」といった協約を労働組合を通じて労使交渉で定めることができれば、負担は大きく減ります。また罰金や自爆営業などのペナルティーがある場合に、それを廃止するにも極めて有効です。

自爆営業を避けるためには「家族には注文をさせない」とか「アルバイト本人は働く店の商品は買わない」などの協約を設定することが役立つでしょうし、制服代などの業務上必要なコストについてはアルバイト先の負担とさせるよう協約改正ができれば、職場からの「買え」という圧力を引き下げることが可能です。雇用主がルールを盾に学生に過重労働や自爆営業を迫るのなら、働く側もルールを決め直すことで対抗するのが得策です。

ブラックバイトはDV被害に似ている!?

最近では賃金やシフト問題の陰で、アルバイト先でのハラスメントに悩む学生が増えてきました。店長やマネージャーからミスを責められたり、勤務態度が悪いといって理不尽な扱いをされた、店に来た客からストーカー行為をされたなど、目にあまるようなパワハラやセクハラの報告も届いています。こうした被害に対して何の対策も講じないようなアルバイト先であれば、それはやはりブラックバイトと呼ぶべきでしょう。

雇用主が対策を講じないなら、そこは皆さんが自己防衛しなければなりません。声をあげることも大切ですが、まずはなるべく被害にあわないようにすることです。なぜなら、セクハラやパワハラというのは、学生に限らず、大人の裁判でもとても立証が難しく、また苦労して相手を追い詰めても損害賠償として認められる金額はさほど高くないからです。

久野氏からのアドバイスでは、過去の事例から見ても、こうした犯罪まがいの行為はひそかに行われるのが一般的な形態なので、少しでも証拠に残すように、とのことでした。起きたことの詳細を手帳やノートに記録しておく、可能であればスマートフォンの録音機能などで音声を残す、といったことが役立つでしょう。また、味方を作るのもよいそうです。

パワハラやセクハラの被害は、騒ぎ立てて追及するよりもその行為をやめさせることのほうが重要です。例えば男女を問わず職場の中で発言力がある人、周囲から頼られる人などに相談して味方につければ、それだけで被害がやむこともあるそうです。職場に思い当たる人がいない場合は、両親や学校の先生に相談してみるのもいいでしょう。

自分が被害を受けたのか、本人もはっきりわからないようなケースもあります。また、職場のムードや人間関係を壊さないために、少々のことは我慢しようと飲み込んでしまう人もいるようです。しかし特にセクハラの場合は、受けた側が不快と感じた時点でその行為はセクハラとして認定されます。その際に我慢してしまうと、よりエスカレートしていく危険性をはらんでいます。ですから勇気を出して「嫌だ」と意志表示することです。

パワハラの場合は、セクハラとは違って、業務指示、業務命令、あるいは何かミスがあった時の指導との境い目が問われます。それだけに認定が難しいのです。ただ、業務を円滑に回していく必要性を超えたレベルであるとか、労使関係や上下関係を利用して人格攻撃におよぶとか、業務に必要がまったくない作業をさせるとか、どう考えても通常の命令や指示ではない場合には法律的にも追及が可能です。その行為によって体調を崩したり、日常生活に支障が出たりしたなら、慰謝料請求という手段もあります。

私もアルバイト先でセクハラ被害にあったという相談を、ある女性の学生から受けたことがあります。そこで驚いたのは、そんな被害にあっても彼女はそのアルバイト先を辞めないと言ったことです。理由を聞いたところ「店の人から辞めないでくれと言われていて、私もその店のことが心配だから」とのことでした。私は「そんなひどい目にあったのなら、店に同情する必要なんかないよ。君は被害者なんだから」と説得を試みたのですが、数回の面談では、彼女にそのアルバイト先を辞めさせるまでには至らなかったのです。

ここで久野氏から興味深い考察を聞くことができました。それは、アルバイト先でセクハラ被害にあった女性の学生の思考パターンが、ドメスティックバイオレンス（DV）の被害者とよく似ている、というものでした。DVの加害者はターゲットを容赦なく攻撃しますが、そこには共依存（他人から認められることで自己の存在意義を見いだすような関係）が背景にあることが多い。加害者はやみくもに攻撃するだけではなく、ある時は献身的な愛情を被害者に対して注ぎ、「あなたがいないとダメだ」などと求める時期があるそうです。それをハネムーン期と呼ぶそうですが、この共依存によって加害者から離れられない構造は、確かに共通しているようです。

DV被害者の中には、自分がDV被害を受けているんだ、ということを自覚していない人が多いという話にも納得がいきます。私はDVと聞いて「なるほど」と思いました。

私が相談を受けた学生を始め、ブラックバイトの事例を振り返ると、必ずと言っていいほど学生が職場に強固に組み込まれています。雇用主から過剰労働を押しつけられたり、いいように搾取される一方で、職場ではとても必要とされ、学生たちは承認欲求や「役に立っている」という感覚を日常的にかきたてられています。

職場への組み込みが進んでいくと、やがて職場との一体化へとおよびます。そこでは、たとえセクハラやパワハラを受けても、職場での仲間意識や売り上げへの貢献が優先されて、自分を被害者として意識することを困難にしてしまいます。

セクハラ・パワハラ事例に限らず、ブラックバイトにおいては、学生たちはDV被害を日常的に受けていると言ってもよいでしょう。DVの被害者となることによって、学生たちは「被害者である」という自覚を持つことなく、アルバイト先による支配に服従することになります。ということは逆に、どうしたらDV被害者を救えるかということを考えれば、学生たちをブラックバイトの支配下から解き放てるかもしれません。

奨学金返済に苦労した時のための法律

3章では、ブラックバイトと奨学金が深い関係にあることを説明しました。親の経済状況が芳しくない学生の中には、大学に入るため奨学金に頼らなければならない人が多くいます。返済を考えて借り入れ額を抑えたり、卒業後の返済を少しでも楽にしようと在学中からアルバイト漬けになり、ブラックバイトにはまってしまう例も多数あります。

このように、本来であれば学生を救うはずの制度である奨学金が、今の日本では金融ビジネスとしてしか機能しておらず、さらに若者たちを苦しめるような形でブラックバイトを促進しています。ブラックバイトから逃れるためには労働法を知ることがまず大切ですが、ここでは金銭＝借金に関する法律についても聞いてみました。

まずは、学生の皆さんが知りたいであろう「奨学金がどうしても返せなくなった時に、返さなくてもよくなる方法はあるか？」です。

これについて、弁護士である久野氏は「方法はあります」と答えたうえで、いくつかの方法を教えてくれました。まず考えられるのは、「自己破産」という法的手段です。

一般に破産というと、人生の終わりとか、失敗者の烙印を押されたような印象として受け取られがちです。しかし法律的に言えば、「もうその借金を返さなくてもいいですよ」と裁判所が宣言をしてくれることなのです。奨学金のような借金の場合には、通常、免責を受けることができます。免責されると、破産者として制限されていたすべての権利が元に戻ります。つまり普通の人となんら変わりのない生活が送れるのです。

「裁判所に申し立てて自己破産が成立しても、その記録は官報にしか掲載されません。破産者の戸籍に記載されることもないし、誰にも知られず手続きが可能です。必要な費用は当人の経済状況にもよりますが、法律問題の解決を支援するために国が開設している法テラス（日本司法支援センター）が利用できれば15～20万円程度。もし利用できなかったとしても、破産開始決定と同時に免責が認められる個人（非事業者）の場合、一般的には30万円ぐらいで自己破産手続きは可能です」（久野氏）

ただし、ここで気をつけなければいけないのは連帯保証です。奨学金を利用する際に「人的保証」を選んで連帯保証人や保証人をつけた場合は、借用した本人が自己破産をすると受任通知を送った段階で連帯保証人、そして保証人へ請求が行きます。それで連鎖破産ということもあります。

ですから、奨学金を利用する場合には、人的保証よりも「機関保証」を選んだほうが、いざという時に自己破産はしやすいということになります。仮に人的保証を選択していても、在学中に機関保証へ切り替える方法があります。

久野氏によれば、自己破産というのは例えば病気や怪我で働けなくなったとか、定期的な継続収入の見込みが絶たれた、つまり「もうどうやっても返せなくなった場合」の最終手段だそうです。そうではなく、自分の収入の範囲内で返せるように調整をする法的手続きもあり、それが「個人再生」というものです。

こちらは借金額を法律で定められた額まで減らしてもらい、返済計画を立て直して返していく方法です。もし600万円の借金があったら、600万円の5分の1（＝120万円）か100万円の大きいほう（この場合は120万円）まで債務が圧縮され、それを3年ないし5年といった分割払いで返します。

自己破産や個人再生という法的手段を、知っておくことは重要です。大学卒業後に就職浪人となったり、低賃金の非正規雇用しか道がなく、奨学金を返せなくなってしまうのではないかと心配している学生は大勢います。心配し過ぎて、「在学中に少しでもお金を貯めなければ」とブラックバイトに陥ってしまう学生も多くいます。

収入がどうしても追いつかない場合には、自己破産や個人再生という手段によって返済の負担を減らせるということを知っていれば、奨学金返済の不安も少し軽減するでしょう。

「借りたものは返す」という心構えも大切ですが、そのためにブラックバイトにはまってしまえば、結局、ずるい考えの大人たちに搾取されるだけで終わってしまいます。「時給が少ししいいから」とか、「好きな時間に働けそうだから」といったおいしい言葉に乗せられることなく、また将来に多少の不安は抱えていても、アルバイト先はしっかりと慎重に選び抜くようにしたいものです。

学生時代の多くの経験が人格形成に役立つ

最後に「ブラックバイト対策弁護団あいち」の活動を通じて、学生に知っておいてもらいたいことや意識しておいてもらいたいと感じたことを久野氏にうかがいました。

ご自身も学生時代にはサークル活動等の経験があり、その時代に築いた友人関係が今の自分の支えになっており、人格形成にもつながっていると感じているそうです。しかし、今の学生たちがアルバイトの強い拘束力の中に置かれ、サークル活動を十分にできないだけでなく、授業やゼミまで蝕まれてしまっている状況は、「大切な人格形成過程が歪められているように思えてならない」と訴えられています。

そうしたことは絶対にあってはならず、状況を是正したいという思いが根底にあって久野氏はこの活動に取り組んでいるとのことでした。

「もしアルバイト先で未熟さを責められたとしても、私のわがままだ、私が悪いんだ、というように自分を責めてしまわず、『相手の言っていることがおかしいのでは？』と疑う感覚を大事にしてほしいのです。そしてアルバイトだからということで我慢をせずに、相談する、状況を打開するために一歩踏み出す、そういう勇気を持ってほしい。

ブラックバイトに対して、泣き寝入りが続いてしまうと、状況は全然改善されないし、問題も明らかになってきません。立ち上がる人が増えれば増えるほど、その人自身の状況が変わるということはもちろん、それは社会をよくしていく方向につながります。その勇気を持つことが大切です。

私ができるのは、法律上はこうなっている、学生は守られているんだ、ということを広く知らせていくことです。そして、皆さんに何か起きた時には、学生の皆さんに比較的年の近い、若手の弁護士として気軽に相談してもらえる存在でいたいです」

法律の専門家としての役割と同時に、自分の学生時代の経験からいまの学生の厳しい現状を改善することに熱意を持って活動されていることを聞いて、私もとても嬉しくなりました。

ブラックバイトへの対処法を伝えていくことは、労働条件を改善すると同時に、学生が「学生であること」を取り戻すことにつながります。本章でのアドバイスを、ぜひ皆さんも生かしてください。

8章 学生としての自分をもっと大切に

本章のポイント

【ポイント ①】

ブラックバイトにはまり込んだ子どもに対する時、周囲の大人たちに覚えておいてほしいのは、自分たちのアルバイト経験を基準に考えないこと。「たかがバイト」と考えず、異常を感じたら無理にでもやめさせる、というのも一つの方法と言える。

【ポイント ②】

ブラックバイトにはまり込んだ友人に対し、それを憂慮する仲間としてやってほしいのは「あきらめずに説得する」こと。ここで大切なのは「自分は信じてやってきたけれど、これはブラックバイトなんだ」と、当人が自覚できる「場」が作られることである。

【ポイント ③】

ブラックバイトの根絶を、当事者である学生だけに任せるのは間違い。学費を引き下げる、さもなくば給付型奨学金の導入などで今の奨学金制度を改善するというように、学生の貧困や非正規雇用の拡大を見過ごしてきた政府や企業が、責任を持って取り組むべき。

講義「職業と社会」でやりたかったこと

私は教鞭をとる愛知県の中京大学で、2015年から「職業と社会」という講義を担当するようになりました。そこでテーマとして「ブラックバイト」を選んだのです。

講義で重要視したのは、アルバイトに関する具体的な質問に答えることです。まずは受講生全員にアルバイト環境についてのレポートを書かせ、知り合いの弁護士に読んでもらいました。後日、その弁護士をゲスト講師として教室に招き、レポートにあった事例がどの点で違法なのかを解説したのですが、この授業はとても盛り上がりました。法律の専門家から「ブラックバイトは違法である」と直に明言されると、多くの学生の認識が変わり始めます。

私は普段の講義においても、労働法についての知識を教えると同時に、学生のマインドを変えることに重点を置いて授業を進めています。そのためには、教えた労働法が実際に「使える」ことを具体的に示すのが有効です。

有給休暇の説明をした時、「バイトで有給休暇が取れるなんて都市伝説だ」とコメントペーパーに書いてきた学生がいました。権利から遠ざけられた状態が当たり前になっている学生に、法律の条文を説明するだけでは、なかなか実感を伴っては伝わりません。ところがそれからしばらくして、私の講義とアドバイスを聞いた学生数人が、アルバイト先と交渉して有給休暇を勝ち取った、という「事件」が起こったのです。

そのことを講義で発表した時には、教室中に大きなどよめきが起こりました。学生たちにとっては法律の知識よりも、実際に権利を行使できたという事実のほうが、ずっと強いリアリティーを持って受け入れられることを私は知りました。

またある時は、受講生が友人の相談事例を持ち込みました。「辞められない」と悩んでいる友人がいるというので、講義で「退職届」のひな型を配布しました。さらに「ブラックバイト対策弁護団あいち」を紹介したことで、その学生が辞職に成功したことを知ると、以降、受講生たちの間で「自分もバイトを辞めた」という学生が続々と出たのです。

アルバイトによって仲間と時間が奪われている学生には、「職業と社会」の講義は互いの労働環境の情報を交換し合い、不当な目にあった時に対抗する手段を学ぶ場になっていきました。この講義を進めるにあたって、学生たちの相談に無料で応じてくれる「ブラックバイト対策弁護団あいち」の存在は、とても大きな意味を持ちました。

労働法の知識と具体的対処を伝えることに加えて、この講義で私が意識したことは、「学生が学生であることを尊重されていない」というメッセージでした。「塾の生徒のために」「店の経営のために」という想いから、アルバイトにのめり込み、貴重な学生生活を奪われている学生が大勢います。多くの学生が、そのことに疑問を感じていません。

しかし、労働法違反の頻発とマインドコントロールの手口を丁寧に解説すると、学生たちは異常さに気づき始めます。職場で感じる矛盾や、自らが不当な扱いを受けていることに気がつけば、学生たちとアルバイト先との関係性が変わってきます。

彼らのコメントペーパーを読んだり、様子を丁寧に見ていると、多くの学生が常に将来の就職や生活の不安にかられているのを痛感します。拠りどころとなる安心感や自己肯定感がないと、自らの意志で雇用主に抵抗することはとても困難です。そんな学生たちとつき合う中で、次のような言葉が自然と口から出ました。

「アルバイト先に抵抗しにくい人も多いと思う。言いにくければ私を利用しなさい。店長や職場の人事責任者に、私の大学の大内先生の講義は課題が多くて厳しいからそのシフトには入れません、試験やレポートが厳しいので期間中は出られません、あるいは『職業と社会』講義の単位が取れないと留年して困ることになります、と伝えなさい。それでも無理にシフトを入れようとしたり、仕事を減らさないという仕事場があったら私に言いなさい。私がその仕事場に直接抗議するから」

その日の講義のコメントペーパーでは、「私を利用しろ」「私が抗議する」と言ったことへの反響がとても多く集まりました。「とても力強く感じた」とか「自分が認められた感じがする」という感想が書かれていました。そして私はこの時に、ブラックバイトが日常化している中で、学生たちがいかに「学生であること」から遠ざけられているか、自分という存在をないがしろにされているのかを、あらためて知ることになりました。

「職業と社会」はこれ以降、学生がとても熱心に参加する講義になりました。ブラックバイトを考察し、それを批判する作業は、学生自身が「学生であること」を取り戻し、自分の尊厳を再獲得する過程でもあると思います。

学生である自分を失いたくなければ準備を

ブラックバイトは、もはや親世代が知っている学生アルバイトとは違います。学生を職場の基幹労働力として活用するため、手ぐすねを引いて狙っています。そんなところへ何も知らずに迷い込んだら、すぐに雇用主の思惑通り学生生活を奪われてしまいます。

学生である自分を失いたくなかったら、それなりの準備が必要です。つまり自分の身を守る方法を学ぶことです。まず、何といっても役立つのが労働法の知識です。7章で詳しく述べましたが、弱い立場である労働者を守るための法律・条令などの知識はブラックバイトにぶち当たった時も、さまざまなシーンで役立ちます。法律に定められた条件にあてはまれば、給料や残業代の未払金を払ってもらったり、自爆営業や罰金などの悪質なルールを廃止させたり、有給休暇だってもらうことができるのです。泣き寝入りしている友人や知人に、アドバイスしてあげることもできます。

ただ、私の経験からいえば、大学生の多くは労働法の知識を持ちません。労働法を学ぶことが、中学や高校で正式なカリキュラムに入っていないからです。したがって現状では、特に問題意識を有する学校や教員と出会わない限り、教わることは難しいと言えます。

労働法について学べる科目が大学で開講されている場合は、積極的に受講するとよいでしょう。労働法について書かれた本を読むこともおすすめします。

正当な会社は法律違反なんかしないはず！

ブラックバイトの難しいところは、雇われている学生の多くが雇用主企業のマインドコントロールの下に置かれているという点です。

一つには職場への組み込みが巧みに行われることで、そこで雇われている学生たちはブラックバイトの働かせ方を当たり前として受け入れていることがあります。ひどい場合には、働き方に疑問を感じないどころか、積極的にブラックバイトにのめり込んでいってしまう学生もいます。

そうした場合、歯止めとなるのはやはり労働法です。アルバイト先の論理を絶対視する学生たちに、その職場が労働法を無視していることを丁寧に説明すると、彼らの幻想が壊れることがあります。私はよく「そんなにすばらしい職場なら、なぜ法律違反を繰り返しているの？　正当な会社は法律違反なんかしないはずだよ」と説得します。労働法という基準を設定することで、職場の論理を相対化する視点を持つことが大切です。

もう一つは、「お店」や「お客様」を絶対視するあまり、学生としての自分自身がないがしろにされていることに気がつくことです。

アルバイト先の学習塾で「生徒のことをもっと大切に考えろ！」と言われ、常に自分の希望しないシフトに入れられて苦しんでいる学生に対し、私は「君自身の学生生活は大切にされてないね」と言ったら、マインドコントロールが解けたことがありました。当然、それまでの長い説得があったうえでのことですが、「生徒を大切にしろ！」とアルバイトに繰り返し強調する塾長が、アルバイトの学生生活は大切にする気がまったくないという矛盾に気がついたのは、重要な転換点だったと思います。

学びたいことが学べているか、サークルやゼミなどの活動が十分にできているか、自らの学生生活が奪われていないかなどを自分で点検してみてください。友人や周囲の知人に相談して、客観的視点からアドバイスを受けるのもよい方法です。

大人たちにぜひ心得ておいてほしいこと

ブラックバイトにはまり込む若者を憂慮する大人の方にまず注意していただきたいのは、自分たちの経験を基準にして彼らのアルバイトを考えないことです。

何度も言いますが、皆さん方が経験してきたアルバイトと現在のブラックバイトは、その働き方も強度も大きく異なっています。「たかがバイトだろ」などと思っていると、大きな間違いを犯します。例えば自分の子どもや生徒がアルバイトをしていたら、それがブラックバイトであるかどうかを確認することは重要だと思います。働いている当人は当たり前だと思っていても、学生生活ができなくなっている場合がとても多いからです。

もしブラックバイトに気がついたら、何かアクションを起こしてください。「ブラックバイト対策弁護団あいち」のような相談機関に連絡するのも効果があります。子どもや教え子がマインドコントロール下に入っていて抜け出せない場合は、無理にでも辞めさせるというのも一つの方法です。実際のところ、親が強制的に辞めさせた後、かなり時間がたってから、当人があまりに異常だった自分の精神状態に気づいた事例もあります。

いずれにせよ、誤った対応をしてしまうのは避けてほしいです。子どもがブラックバイトに絡め取られていることを知った親が、その子に対して「別にどんどんやればいいのよ。どうせ卒業後もブラック企業なんだから、今から慣れておいたほうがいいでしょう」と言いはなったのを聞いたことがあります。この言葉には、とても驚きました。これではブラックバイトに苦しむ子どもは救われないでしょう。

子どもや教え子がアルバイト先での処遇に悲鳴を上げているのに、「お前が頑張らないのが悪い」「バイト先でしっかりと責任を果たせ」「もっと努力しろ」などと責めてしまう例は意外と多いのです。かといって、子どもが自分の意思によって疑うことなくのめり込んでいるアルバイト先を、一方的に悪しざまに言うのも感心できません。当人が意固地になって、ますますブラックバイトの深みにはまってしまう可能性もあるからです。

自分たちの時代は、確かにそうした対応でよかったのかもしれません。しかしそこは冷静になって、彼らが直面している実情をできるだけ詳しく把握し、その原因がどこに起因するのかを見極めてから判断すべきです。

ブラックバイトを自覚する「場」を作る

ブラックバイトに悩む友人や知人が近くにいて、「どうしたらよいのか?」「何をしてあげればいいのか?」というのは、私もよく受ける相談です。ブラックバイトであることがはっきりしていて、働いている本人も賃金未払いなどの被害を自覚しているのなら、弁護士や専門のアドバイザーに相談させることが最も確実な解決策です。しかし困るのはブラックバイトに取り込まれているのに、そのことを当人が自覚していない場合です。どんなにきついノルマやシフトを課されても、賃金未払いや罰金など不当な扱いを受けても、それを理不尽とは受け止めていないことが多々あります。

学生からは「本人がそれでいいって言うんだからしょうがない」という意見もよく出されますが、私はその学生にあきらめずに説得するよう言います。「あなたの友だちはマインドコントロールされているんだよ」あるいは「DVの被害者が、自分自身はDV被害を受けていると気づきにくいのと同じだよ」と話すと、かなりの学生が行動してくれます。

「ブラックバイト対策弁護団あいち」が配布しているリーフレット（ブラックバイトのチェックリストつき）を見せたり、私が講義で使用しているブラックバイト実例の中から近い状況のものを聞かせると気づきが始まることも多くあります。

大切なのは、自分がやってきたアルバイトがブラックバイトであると自覚できる「場」が作られることです。その点で大学という「場」は重要です。アルバイトの労働条件や職場のあり方が話し合われるような「場」が大学に作られれば、大きな変化が起こる可能性があります。実際に私の講義「職業と社会」も、学生同士が自らのバイトの労働条件を比較し合い、改善へ向けて刺激を受ける「場」となりました。

現代の学生は多忙化が急激に進んでいますから、大学においても学生たちが集まる場を作ることは容易ではありません。しかし、集まらなければ必要な情報を交換することもできません。そこでブラックバイトに疑問を持っている学生は、まず周囲の学生たちに声をかけてみましょう。また、この問題に関心を持って協力してくれそうな大学教員や弁護士などに、仲間作りの相談をしてみるのもよい方法だと思います。

ブラックバイトが当たり前となっている日常を変えるためには、現状を相対化する場所を作ることがとても重要です。まずはこの本を一緒に読んで、仲間で議論し合う読書会を大学や地域で開催してみてはいかがでしょうか。

ブラックバイト対策でキャリア教育が変わる

最近は同業者である大学教職員に対しても、ブラックバイトについての講演をする機会が増えました。講演後に「バイトがそんなになっているなんて知りませんでした」とか「バイトで説明会に出られないという学生に『自覚が足りない』と強く注意したことがありますが、ブラックバイトのせいだったのかも知れません」などの意見もうかがいました。

学生たちがアルバイト先でどのように過ごしているかは、日頃から学生と接している大学教員でさえ、なかなか知ることができません。しかし、彼らの充実したキャンパスライフを支えるのも重要な役割ですから、ブラックバイトが学生生活を奪っている現実を見据え、それを改善することが必要です。

実際、ブラックバイトが広がっていることを考慮しないと、今後の大学教育は難しくなっていくと思われます。「授業に出ない」「実習に参加しない」「勉強していない」などの理由が学生本人の努力不足なのか、ブラックバイトのせいなのかでは、問題の所在も対策もまったく異なります。私たちが行った調査では、約7割もの学生がブラックバイトを経験していると答えたのですから、学校をあげてこの問題に何らかの対処を行うことが、大学教育の充実にとって必要不可欠だと思います。

新1年生については、アルバイトを始める人が増える夏休み前までに、最低限の労働法の知識とブラックバイトに巻き込まれないための対処法を、ガイダンスなどで伝えることが重要でしょう。2年生以上に対しても、勤務先でのトラブルや学業との両立が困難なことに対処するための相談窓口を学内に設けることなどが考えられます。

ブラックバイトへの対処は、卒業後の就職に向けたキャリア教育のあり方に対する問い直しにもつながります。これまでのキャリア教育では、職場への適応を重視するものが多く、不当な目にあった時の抵抗の要素はあまり重要視されませんでした。それは卒業生がブラック企業など、職場で不当な目にあった時に、有効な抵抗手段をとれない理由の一つにもなっています。

ブラックバイトへの対処は、キャリア教育全体を「適応」と「抵抗」のバランスがとれたものに組み替えていくことにつながります。募集側の求人詐欺を見破る力をつけさせるキャリア教育や、離職率などのデータを分析して卒業生をブラック企業に送らないようにするキャリア支援が強く求められています。

2016年4月、早稲田大学は自ら作成した「ブラックバイト対処マニュアル」(早稲田大学出版部)を、新1年生約9500人全員に無料配布しました。これは画期的な試みではないでしょうか。こうした前例にならって、全国の大学でも学生を守るための対策を進めていただきたいと思います。

若者を救うため社会がなすべき二つの方法

ブラックバイトの観察や情報交換により、学生たちが職場でいかに過酷な状況で働かされているかが見えてきました。労働法違反まがいの条件で働かされ、職場への強固な組み込みによって、学生生活を奪われている学生が大勢います。

ブラックバイトをなくすためには、雇用先企業に労働法を遵守させ、マインドコントロールされた学生についてはそれを解いてあげることが必要です。そのための取り組みを進めていくことが、今後は社会政策にも求められるでしょう。しかし、そうした努力を行ったとしても、完全になくすことは困難と言えます。なぜでしょうか？

ブラックバイトとは「学生であることを尊重しないアルバイト」のことです。労働法が遵守され、労働者としての権利が尊重されるようになったとしても、相変わらず経済的に厳しい状況に追い込まれている学生は大量のアルバイトをせざるを得ません。

大量のアルバイトは、たとえそれが労働者の権利を尊重したものであっても、学生生活との両立を困難とするでしょう。しかも、経済的に苦しい学生は年々増加しています。労働条件の改善は必須ですが、その一方では、若者が大量のアルバイトをしなくても学生生活を送ることができるような経済状況の改善が必要不可欠です。

日本の高等教育段階における、公財政教育支出の対ＧＤＰ比は、ＯＥＣＤ加盟諸国で最下位（２０１５年統計）です。すなわち経済規模からいって、高等教育に最も公的予算を出していない国なのです。

「大学生はどうせ勉強していない」とか「大学生は遊んでいる」という声は、よく聞こえてきますが、この社会は本当に大学生が学ぶことを期待しているのでしょうか？

1970年代〜1990年代にかけての日本の大学に、「レジャーランド」と呼ばれた時期があったのは事実です。しかし、現在はそんな雰囲気は一変しています。学生アルバイトの約7割もがブラックバイトを経験している現在の大学は、先に述べたように「ワーキングプアランド」とでも呼ぶべきです。

1970年代以降、社会の市場化や消費社会化が、とても進んだのが日本社会です。市場化や消費社会化は、学生がお金を持っている時には享楽を生み出しますが、その条件がなくなれば、学生生活を苦境に追い込みます。そうして始まった厳しい経済状況は、アルバイト抜きには続けられない学生生活を生み出しました。学びたくても学べないのが、現在の多くの学生の実情です。

この状況を改善するためには、二つの方法があります。一つは学生が学ぶための経済的支援を増やすこと、もう一つが学生生活の市場化や消費社会化に規制をかけることです。経済的支援としては給付型奨学金の導入・充実や留学費用の公的支援の増額、市場化や消費社会化への規制としては、公的予算増額による大学授業料の値下げ、学生用低家賃住宅の設置や家賃補助、学生の公共交通機関交通費の減額化や無料化などが有効でしょう。

これらはOECD諸国で最も少ない高等教育予算を、平均並みに引き上げることで、相当程度実現します。

多くの学生が経済的事情により、大学で存分に学ぶことが難しくなっています。私自身も自分が行っている講義のレベルや課題の質と量を、学生のアルバイトとの関係で遠慮したり、調整せざるを得ない状況に置かれています。同じ悩みを抱えている大学教員は大勢います。本当に学生が大学で学ぶことを期待しているのであれば、社会全体で高等教育への経済的支援の増額をぜひとも実現していただきたいです。

「人が育たない社会」から「人が育つ社会」へ

ブラックバイトは学生の経済状況の悪化と、非正規雇用を基幹労働力として活用することで人件費を削減したい企業の思惑との重なりによって、生み出されました。構造的・歴史的に生み出されたのですから、根深い問題です。

ここまで述べてきたように、学生アルバイトの位置づけは、かつてとは大きく変わっています。少なくとも、「アルバイトなんだからどうせ気楽だろ」などという古い感覚は、まったく通用しないと考えたほうがよいでしょう。しかもブラックバイトは大学生だけでなく、高校生にまで広がっています。

ブラックバイトは学生に劣化した労働を強制し、学生たちの多くは「時給〇〇〇円」と引き換えに、学校で十分に学ぶことができず、また充実した学生時代にとって重要な仲間と時間を奪われています。過酷なブラックバイトによって学ぶことができない、また仲間と時間を得て、充実した学生時代を過ごすことができない若者が増え続けることは、一体何を意味するでしょうか？

ブラックバイトの広がりによって、私は「人が育たない社会」が到来しつつあると思います。若者が学ぶこと、本を読むこと、好きな文化・芸術に触れること、仲間と充実した時間を過ごす機会が大幅に奪われているからです。

人が育たない社会は必ず衰退します。将来の労働力の質が低下し、新しい文化を生み出すポテンシャルが落ちることになるからです。

人が育たない社会を「人が育つ社会」に変えるためには、ブラックバイトをなくしていくことが重要です。ブラックバイトを根絶させることができるか否かは、日本社会の未来を決定する重要性を持っていると思います。

事例集

ブラックバイトからの脱出

①　飲食店 Aさん(1年生)のケース

アルバイト先の都合に振り回される自分に疑問を感じた

飲食店でアルバイトをするAさんは採用当初、週3日勤務を希望したにもかかわらず、週6日の勤務シフトを入れられていた。そのため、試験勉強やレポートの提出ができずに単位を落としてしまうことがあった。

ある日、大学での講義で担当教員から、自分の店がサービス労働の強要を始め、労働法違反を数多く行っていると知ることができた。特に「アルバイトのために学生が自分の学習時間が取れないのはおかしい」という言葉に助けられて、次の試験前からはどんなに「入れ」と言われても、シフトを無理に入れることはしなくなった。その後は試験勉強だけでなく、「アルバイト先の都合」よりも自分のやりたいことを優先するようになった。

② 小売店 B君（1年生）のケース

職場仲間と一緒に権利交渉を行い、有給休暇の取得に成功

B君はアルバイト先で、とてもきつい労働ながらも熱心に働いていた。そんな折、友人から「アルバイトでも有給休暇が取れる」と聞き、最初は半信半疑だった。ところがその友人から「職業と社会」の講義を受講している学生アルバイトで、有給休暇を実際に取った学生がいると聞いてびっくり。職場のアルバイト仲間2人にその話をしたところ、「3人で一緒に取ろう」と有給休暇の交渉を実行、職場では大きなざわめきが起こったという。その後は他のアルバイトも続々と有給休暇を取得し、現在ではそのアルバイト先に有給休暇取得の申請書類が置かれるようになった。

③ 学習塾 Cさん（3年生）のケース

ブラックバイト問題に精通した弁護士にアドバイスを受けた

Cさんは子どもが好きで面倒見もよいが、塾の勤務シフトがあまりにもきついことに悩まされていた。大学1年生の時も、2年生の時も夏休みのほぼ全日が夏期講習で埋まってしま

い、自分のことが何もできない状態だった。辞めようとして塾長に申し出たが、「生徒のことを可哀想と思わないのか？」とか「しっかり責任を果たせ」と説得されて、どうしても辞められない。そうした時、他大学の学生から「ブラックバイト対策弁護団あいち」の存在を知る。そこで連絡をとったところ、塾長に退職届を内容証明郵便で送るようアドバイスを受けた。その後、塾側から撤回要請の電話があったが、弁護士から塾側に対し本人に連絡しないよう申し入れが行われ、ようやく辞めることができた。

④ 学習塾 Dさん（4年生）のケース──サービス労働に費やした時間を毎回丁寧に記録して請求

Dさんはアルバイト先での仕事はうまくいっていたものの、「コマ給」という授業時間外に行うテスト問題作成など学習準備に費やす時間に給料が支払われないシステムに不満を感じていた。大学の講義を通じて、Dさんはコマ給が不当であることを知り、担当教員のアドバイスに従って、授業以外の労働時間も毎回丁寧に記録するようにした。証拠記録をそろえたうえで、地元の労働組合に相談し、未払い賃金約25万円を取り戻すことができた。Dさんはそのお金を、以前から行きたいと思っていた旅行に使うことができた。

ブラックバイトに遭遇したら

以下の項目に一つでも当てはまるのなら、あなたのバイトは「ブラックバイト」の可能性大です!

[ブラックバイト度チェック]

□辞めたいと言っても辞めさせてもらえない。

□授業・試験に関係なくシフトを勝手に入れられる。

□余った商品を買わされたことがある。

□休憩時間中も急に呼び出されることがある。

□皿やグラスなどを割ったら給料からその分天引きされた。

□塾講師をしているがコマ給以外の給料が支払われない。

□着替えや片付けの時間に時給がつかない。

(資料:ブラックバイト対策弁護団あいち)

●いろいろな相談窓口

ブラックバイトに困ったときは一人で抱え込まずに、いろいろな相談先を利用してみましょう。

※掲載されている情報は2019年7月末時点のものです。今後、変更の可能性があることにご注意ください。homepageは公式サイト、Twitterはツイッター、Facebookはフェイスブックがあることを意味しています。

行政

労働基準監督署

全国に約330カ所ある厚生労働省の出先機関。労働条件の確保や改善の指導、安全衛生の指導、労災保険の給付などの業務を行っています。厚生労働省のホームページに全国の労働基準監督署の連絡先一覧が載っています。インターネットで「厚生労働省　全国労働基準監督署の所在案内」を検索してください。

homepage 有り

総合労働相談コーナー

各都道府県の労働局や労働基準監督署には、労働問題に関する相談、情報の提供を相談員が受けつける「総合労働相談コーナー」が設置されています。厚生労働省のホームページに全国の総合労働相談コーナーの連絡先一覧が載っています。インターネットで「厚生労働省　総合労働相談コーナーのご案内」を検索してください。

homepage 有り

労働条件相談ほっとライン

厚生労働省が2014年9月に始めた無料の電話相談事業。違法な時間外労働、過重労働による健康障害、賃金不払い残業などの労働問題について、専門知識を持つ相談員が受けつけています。全国どこからでも利用可能です。

☎ 0120-811-610　(フリーダイヤル。携帯電話・PHSからも利用可)
受付時間：平日17時～22時、土・日・祝9時～21時（年末年始は除く）

弁護士団体

ブラック企業被害対策弁護団

ブラック企業の被害者を救済するために立ち上げられた弁護団です。相談の申し込みは、インターネットで「ブラック企業被害対策弁護団」を検索のうえ、同弁護団の公式ホームページにある「相談窓口の紹介」をご確認ください。

homepage 有り　Facebook 有り

日本労働弁護団

全国 21 カ所で定期的に無料の相談ホットラインを設けています。お住まいの近くの相談ホットライン番号は、インターネットで「日本労働弁護団」を検索のうえ、同弁護団の公式ホームページにある「全国各地のホットライン」をご確認ください。

☎ 03-3251-5363（本部）　受付時間：月・火・木 15 時～ 18 時、土 13 時～ 16 時

homepage 有り

ブラックバイト対策弁護団あいち

愛知県近辺の若手弁護士ら約30人で結成した、全国初の「ブラックバイト」被害の対策弁護団。無料相談から会社との交渉、労働審判・訴訟まで手がける一方、中・高・大学生や大人達へのワークルール講師派遣も行っています。本書第7章に登場の久野由詠弁護士も所属しています。

☎ 052-211-2236　受付時間：月・火・水・木・金 9 時半～ 17 時半

Twitter 有り　Facebook 有り

NPO法人、労働組合など

NPO法人 POSSE

労働相談を中心に若者の様々な問題に取り組むNPO法人。東京、仙台に事務所を構えています。

【東京】☎ 03-6699-9359
【仙台】☎ 022-302-3349
受付時間：月・火・木・金 17時～21時、土・日・祝 13時～17時
homepage 有り　Facebook 有り

ブラックバイトユニオン

NPO法人POSSEの相談スタッフ経験者が、学生の労働問題の解決に特化して立ち上げた労働組合です。電話相談やメール相談を受けつけています。

☎ 03-6804-7245　受付時間：10時～22時
homepage 有り　Twitter 有り　Facebook 有り

首都圏学生ユニオン

大学生・大学院生を中心に結成。首都圏青年ユニオンと共同で労働問題解決のために活動しています。

☎ 03-5395-5359　受付時間：平日 10時～18時
homepage 有り　Facebook 有り

首都圏高校生ユニオン

高校生のための労働組合。長時間労働などで学業と両立しにくくなる「ブラックバイト」や違法な働かせ方に対抗し、職場状況の改善を目指して活動しています。

☎ 03-5395-5359　受付時間：平日 10時～18時

関西学生アルバイトユニオン（かんユニ）

アルバイト・奨学金に関する無料相談を受けつけているほか、「バイト実態調査アンケート」や「学費・奨学金アンケート」を行っています。

homepage 有り　Twitter 有り　Facebook 有り

著者プロフィール◉大内裕和　おおうち・ひろかず
1967年、神奈川県生まれ。中京大学国際教養学部教授。専門は教育学・教育社会学。学生たちから直接相談を受け、彼らのアルバイト環境の劣悪化や労働搾取に早くから問題提起を行ってきた、ブラックバイト問題の第一人者。奨学金問題、格差・貧困問題についても積極的に発言しており、テレビや新聞などメディアからの取材も多い。こうした問題を広く社会に訴えるため、講演会で全国各地を飛び回っている。「奨学金問題対策全国会議」共同代表、「公正な税制を求める市民連絡会」参加呼びかけ人、「ブラック企業対策プロジェクト」のメンバーなどを務める。主な著書（共著）に『日本の奨学金はこれでいいのか！』（2013年、あけび書房）、『ブラック化する教育』（15年、青土社）、『ブラックバイト』（同、堀之内出版）など。

装丁・本文デザイン◉竹歳明弘（STUDIO BEAT）
カバー装画◉深川直美

ブラックバイトに騙《だま》されるな！

2016年7月10日　第1刷発行
2019年8月31日　第3刷発行

著　者　大内裕和《おおうちひろかず》
発行者　日野義則
発行所　株式会社　集英社クリエイティブ
〒101-0051　東京都千代田区神田神保町2-23-1
電話　03-3239-3813
発売所　株式会社　集英社
〒101-8050　東京都千代田区一ツ橋2-5-10
電話　03-3230-6393（販売部・書店専用）
03-3230-6080（読者係）
印刷所　図書印刷株式会社
製本所　株式会社ブックアート

定価はカバーに表示してあります。

本書の一部あるいは全部を無断で複写・複製することは、法律で認められた場合を除き、著作権の侵害となります。また、業者など、読者本人以外による本書のデジタル化は、いかなる場合でも一切認められませんのでご注意ください。

造本には十分注意しておりますが、乱丁・落丁（本のページ順序の間違いや抜け落ち）の場合はお取り替え致します。購入された書店名を明記して集英社読者係宛にお送りください。送料は集英社負担でお取り替え致します。但し、古書店で購入したものについてはお取り替え出来ません。

©Hirokazu Ouchi 2016, Printed in Japan　ISBN978-4-420-31075-8 C0036